Ursula Lassert

easy Deutsch

Rechtschreibung

7. und 8. Schuljahr

Ernst Klett Verlag
Stuttgart Düsseldorf Leipzig

Gedruckt auf Papier,
das aus chlorfrei gebleichtem Zellstoff
hergestellt wurde, säurefrei.

Die Deutsche Bibliothek – CIP-Einheitsaufnahme
Ein Titeldatensatz für diese Publikation ist bei
Der Deutschen Bibliothek erhältlich

1. Auflage 2001
Dieses Werk folgt der reformierten Rechtschreibung und Zeichensetzung.

Internetadresse: http://www.klett-verlag.de/klett-lerntraining
E-Mail: klett-kundenservice@klett-mail.de
Einbandgestaltung: Bayerl & Ost, Stuttgart
Druck: Wirtz Druck, Speyer
ISBN: 3-12-929822-3

Inhaltsverzeichnis

Groß- und Kleinschreibung

1. Großschreibung bei Substantiven, Satzanfängen und Eigennamen

1 In einem Text werden das **erste Wort der Überschrift, die Eigennamen (und Titel)** sowie **alle Substantive großgeschrieben.** Substantive erkennst du daran, dass du einen Artikel vor das Wort setzen kannst.

Beispiele für Eigennamen (und Titel):	Nick, Walter, Petra, Elena, Herr Müller, Wien, (der) Eiffelturm, Professor Heins
Beispiele für Substantive:	die Familie, der Hund, das Riesenrad, die Träne, der Bürgermeister, ein Glücksgriff, eine Idee

2 Nach Punkten, Fragezeichen und Ausrufezeichen, also bei **Satzanfängen**, wird immer **großgeschrieben**. Steht nach einem **Doppelpunkt** ein vollständiger Satz oder eine wörtliche Rede, wird das erste Wort ebenfalls großgeschrieben (vgl. dazu auch Seite 55).

Beispiele:

Ich kann das nicht glauben. Das gibt es einfach nicht!
Super, wir haben Ferien! Jetzt kann ich jeden Morgen ausschlafen.
Wie viel Uhr ist es jetzt? Es ist genau sieben Uhr dreiunddreißig.
Nick Neumensch kennt sich aus: Er hat ihr dabei schon oft über die Schulter geschaut.
Der Professor erklärt: „Ein Riese hat den Eiffelturm gegen die Freiheitsstatue ausgetauscht.“

2. Substantivierung von Verben

1 Verben werden normalerweise **kleingeschrieben.**

Beispiele: Nele wird morgen früh vorbeikommen.
Konstantin sprang über die Mauer und landete in einer Pfütze.

2 Wie andere Wortarten kann auch das Verb zu einem Substantiv werden. Man spricht dann von einem **substantivierten Verb**. Es gibt verschiedene Wörter, die das Verb zu einem Substantiv machen, wenn man sie davor setzt: bestimmter und unbestimmter Artikel, Adjektive, Possessivpronomen und Präpositionen. **Substantivierte Verben werden immer großgeschrieben.**

mit bestimmtem und unbestimmtem Artikel	**Das** Füttern von Lehrern ist verboten! Man konnte **ein** Weinen aus dem Nebenzimmer hören.
mit Adjektiv	Omas **lautes** Nörgeln nervt die ganze Familie. **Langes** Naseputzen führt zu Nasenflügellähmungen!
mit Possessivpronomen	**Euer** Geschrei macht mich ganz krank! Ich weiß, du kannst **mein** Schreien nicht ertragen. Ich freue mich über **dein** Kommen.
mit Präposition	Das ist überhaupt nicht **zum** Lachen! Max verbrachte den Nachmittag **mit** Ausruhen. **Beim** Joggen komme ich immer außer Atem! **Durch** Abschreiben wird keiner schlau.

3 **Achtung:**
Ein Verb kann auch ohne Begleiter als Substantiv in einem Satz stehen.

Beispiele: Eine weit verbreitete Krankheit ist (das) Gähnen.
(Das) Betreten des Rasens ist erwünscht.
Otto fand (das) Spazierengehen am Sonntag schon immer langweilig.

3. Substantivierung von Adjektiven

1 Adjektive werden normalerweise **kleingeschrieben.**

Beispiele: Das kleine Auto gefällt mir gut.
Gestern Nacht hatte ich einen wunderschönen Traum.
Ich habe meine teure Uhr verloren.

2 **Adjektive** können in Verbindung mit Artikeln, unbestimmten Mengenangaben, Pronomen und Präpositionen **zu Substantiven werden.** Sie müssen dann **großgeschrieben** werden.

mit bestimmtem und unbestimmtem Artikel	**Das** Tollste in den Ferien war die Nachtwanderung durch den Dschungel. **Ein** Alter, der uns entgegen kam, lachte über das ganze Gesicht.
mit unbestimmten Mengenangaben	Ich muss dir **etwas** Lustiges erzählen. Es gibt **nichts** Gutes, außer man tut es. **Viel** Leckeres konnte er seinem Freund nicht anbieten.
mit Präpositionen	Bekanntmachung: Nächste Woche macht die Klasse 7a ein Picknick **im** Grünen. Insekten fliegen immer **ins** Helle.
mit Pronomen	**Mein** Ältester ist ziemlich gut in Mathe. **Dieser** Kleine dort hinten hat mich in die Wade gezwickt.

4. Pronomen

1 Pronomen nennt man auch Fürwörter. Sie weisen auf Personen, Dinge oder Sachverhalte hin, bezeichnen sie aber nicht. Sie werden **kleingeschrieben**. Man unterscheidet **Personalpronomen** (z. B. ich, du, er, sie, wir, ihr), **Possessivpronomen** (z. B. unser, mein, dein), **Demonstrativpronomen** (z. B. dieser, jener, das), **Relativpronomen** (z. B. welcher, was, der, die), **Reflexivpronomen** (z. B. mich, sich) und **Indefinitpronomen** (z. B. einige, mehrere, jemand).

Personalpronomen	Darf **ich** mich vorstellen, **ich** heiße Niklas. Kannst **du** morgen? Gestern machte **sie** die Führerscheinprüfung.
Possessivpronomen	Das ist **meine** beste Freundin. Wenn der Kaffee durchgelaufen ist, sagt **unsere** Kaffeemaschine laut: „Fertig!“
Demonstrativpronomen	Heute Morgen fand ich **diesen** Schlüssel. Denn **die** hier ist schuld, nicht ich!
Relativpronomen	Ich weiß nicht, **was** ich zu Max gesagt habe. Das Haus, **welches** wir meinen, steht dort drüben.
Reflexivpronomen	Ich kämme **mich**. Susanne zieht **sich** an.
Indefinitpronomen	Gestern waren **einige** schon da. Da steht **jemand** vor der Tür!

2 Pronomen können jedoch im Satz wie **Substantive** verwendet werden. Dann muss man sie **großschreiben**.

substantivierte Personalpronomen	Der Lehrer lehnte das **Du** ab. Der Zusammenhalt der Gruppe erzeugte ein großes **Wir**-Gefühl.
substantivierte Possessivpronomen	Die meisten Diebe verwechseln **Dein** und **Mein**. Jeder trug das **Seine** zum Gelingen des Turniers bei.

5. Anredepronomen in Briefen

1 In **offiziellen Briefen** an Firmen oder Behörden und an Menschen, die du nicht kennst, musst du die **höfliche Anrede** Sie verwenden. Auch die dazu gehörenden Anredepronomen Ihr, Ihre, Ihnen usw. werden **großgeschrieben.**

Beispiele: Sehr geehrter Herr Bundeskanzler, ich bitte Sie mir einen Bonbon-Orden zu verleihen.
Lieber Herr Taschenbier, hiermit schicke ich Ihnen Ihre Kassette zurück, die Sie mir vor 27 Jahren ausgeliehen haben.
Sehr geehrter Herr Strobel, bitte tun Sie mir einen Gefallen.

2 Schreibst du Briefe, Einladungen oder Postkarten an **vertraute Personen,** die du mit du anredest, verwendest du die Anredepronomen du, dich, dir, deine, ihr, euch, eure, euer. Diese Pronomen schreibst du **klein.**

Beispiele: Liebe Laura, du kannst dir vorstellen, wie sehr ich mich freute, als ich deine Postkarten bekommen habe!
Hallo Papa, dein Abendessen hat leider der Hund gefressen!
Liebe Lena, lieber Olli, ich hoffe, ihr kommt beide zu meiner Geburtstagsfete. Ich lade euch herzlich dazu ein.

6. Tageszeiten

1 Wird an ein Substantiv, das eine Tageszeit beschreibt, ein s angehängt, so wird es zum Adverb und muss **kleingeschrieben** werden.

Substantiv	Adverb	Beispiele
der Vormittag	vormittags	In meinem Zimmer scheint **vormittags** die Sonne.
der Montagmorgen	montagmorgens	Lehrer Laumeier kam **montagmorgens** immer zu spät.
der Samstag	samstags	Hubert geht **samstags** immer Brötchen holen.

2 Nach den Wörtern vorgestern, gestern, heute, morgen, übermorgen werden die **Tageszeitangaben** jedoch immer **großgeschrieben.**

Beispiele: Auf der Autobahn war heute Morgen mal wieder Stau.
Gestern Nachmittag besiegte der 1. FC Freiburg Bayern München mit 5:0.
Wenn ich schnell mache, bin ich übermorgen Abend fertig.

! **Aber Achtung:** Das Paket kam gestern früh bei uns an.

3 Die Verbindung von einem Wochentag und einer Tageszeit wird als zusammengesetztes Substantiv verstanden und deshalb **großgeschrieben.**

Beispiele: Am Freitagvormittag werden endlich die Preise verlost.
Leider kann ich am Donnerstagabend nicht kommen.
Julia fühlte sich seit dem Montagmorgen ziemlich krank.

7. Uhrzeiten

1 Uhrzeiten (mit oder ohne „Uhr“) schreibt man **klein**.

Beispiele: Um fünf einigten sie sich auf unentschieden.
Gestern bin ich um zehn vor drei aus dem Bett gefallen.
Es ist jetzt genau sieben Uhr achtundzwanzig (Minuten).

2 Wird das Wort Viertel wie ein Substantiv verwendet, muss es **großgeschrieben** werden.

Beispiele: Es ist (ein) Viertel nach zwölf.
Das Spiel Oberstadt gegen Unterstadt wurde um Viertel vor zwei abgebrochen.

Achtung:
Schwieriger sind genaue Zeitangaben, wenn Bruchzahlen enthalten sind. Du kannst entweder schreiben:

Der Kampf dauerte eine Dreiviertelstunde.
Oder: Der Kampf dauerte drei Viertelstunden.
Oder: Der Kampf dauerte drei viertel Stunden.

8. Zahlen und Zahladjektive

1 **Alle Zahlen unter einer Million schreibt man klein und zusammen.**

Beispiele: Das Känguru sprang um zehn Meter an der Ziellinie vorbei.
Ich kenne alle siebenundzwanzig Buslinien in unserer Stadt.
Der fünfte Oktober war ein fürchterlicher Tag.
Hertha feiert heute ihren achtzigsten Geburtstag.
Den dritten Platz belegte die Riesenschildkröte.
Die Stöckelschuhe meiner Schwester haben zwei Meter hohe Absätze.

Aber: Eine Million siebenhunderttausend Sekunden ist eine lange Zeit.

2 Werden Zahladjektive **wie Substantive** behandelt, muss man sie **großschreiben**. Das ist der Fall, wenn vor ihnen ein **Artikel**, ein **Pronomen** oder eine **Präposition** steht.

mit bestimmtem oder unbestimmtem Artikel	**Der** Fünfte bekam Durchfall. Laura bekam im Diktat **eine** Vier.
mit Pronomen	**Jeder** Dritte bekam eine Medaille. **Mein** Fünfzigster wird groß gefeiert.
mit Präposition	Ich kann **am** Achten dieses Monats nicht. **Zum** Siebzigsten gratuliere ich Ihnen herzlich.

Auch: Er wurde Siebter. Sie wurde Achtunddreißigste.

3 Folgende Zahlwörter werden in allen Formen **kleingeschrieben**: ein, andere, viel, wenig.

Beispiele: Die anderen gingen lieber ins Kino.
Bei dem Rockkonzert gab es viele, die schwerhörig wurden.
Die Gründe für das Waldsterben sind nur wenigen bekannt.
Die einen kommen, die anderen gehen.

9. Eigennamen

1 Alle Namen schreibt man groß. Das gilt auch für **zusammengesetzte Begriffe**, wenn es sich um einen **speziellen Namen** handelt, der sich z. B. auf eine **einzige** Person, Gaststätte oder ein Bauwerk bezieht.

Beispiele:
die Augsburger Puppenkiste
(weil es *das* berühmte Marionettentheater aus Augsburg ist)
der Schiefe Turm von Pisa
(weil es unverwechselbar nur *einen* gibt)
der Atlantische Ozean
der Alte Fritz
(damit ist *eine* bestimmte Person gemeint, nämlich Friedrich II., König von Preußen)
die Frankfurter Allgemeine Zeitung
Karl der Große
der Gasthof zum Röhrenden Hirsch
das Rote Kreuz

2 Wenn sich ein Begriff aber nur auf eine **bestimmte Art** von Dingen bezieht, von denen es viele verschiedene gibt, werden nur die **Substantive großgeschrieben**.

Beispiele:
dicke Bohnen
blaue Briefe
das neue Jahr
der erste Schultag
italienischer Salat
hessischer Apfelwein

10. Geographische Namen

1 In Bezeichnungen für **Berge, Meere, Wälder oder Regionen** werden die Adjektive oder Partizipien **großgeschrieben.**

Beispiele: der Teutoburger Wald
das Tote Meer
das Gelobte Land

2 Wörter, die von **geographischen Namen** abgeleitet werden und auf -er enden, werden auch **großgeschrieben.**

Beispiele: Frankfurter Würstchen
die Düsseldorfer Messe
die Mainzer Fastnacht
der Tübinger Neckar

3 Es gibt aber auch Adjektive, die von **geographischen Namen** abgeleitet werden und auf -isch enden. Sie müssen **kleingeschrieben** werden, wenn sie kein fester Bestandteil eines Eigennamens sind.

Beispiele: belgische Pralinen
ein französisches Skigebiet
englischer Humor

Aber: der Atlantische Ozean
(denn das ist ein Eigenname: Es gibt nur den einen Atlantischen Ozean)

11. Wortpaare in festen Verbindungen

1 **Wortpaare**, die sich auf **Personengruppen** beziehen, werden **großgeschrieben.**

Beispiele: Jung und Alt kamen zusammen, um gemeinsam den Opfern des Zweiten Weltkrieges zu gedenken.
Das war ein Fest für Arm und Reich.
Das Konzert war ein riesiger Erfolg: Groß und Klein hatten ihren Spaß dabei.

2 **Feststehende Begriffe**, die mit im eingeleitet werden, werden **großgeschrieben.**

Beispiele: Im Großen und Ganzen kann ich mich über mein Zeugnis nicht beschweren.
Liebe Frau Schulz, ich möchte mich schon im Voraus für ihre großartige Unterstützung bedanken.
Die Schüler von heute sind im Allgemeinen nicht so faul, wie man oft behauptet.

3 Es gibt aber weiterhin **Wortverbindungen**, z. B. von Adjektiven und Präpositionen, die **kleingeschrieben** werden:

Beispiele: Sie kamen von nah und fern, um Martin Lopez beim Stierkampf zu sehen.
Mit meinem besten Freund gehe ich durch dick und dünn.
Über kurz oder lang wird auch er verstehen, dass es so nicht weiter gehen kann.

12. Die Substantive Schuld, Angst, Leid, Gram, Pleite und Bange

Es gibt einige Substantive, die ihre Funktion ändern, je nachdem, ob sie in Verbindung mit dem Verb haben oder den Verben sein, bleiben oder werden verwendet werden.

1 Die Wörter Schuld, Angst, Leid, Gram, Pleite und Bange werden in Verbindung mit dem Verb haben **großgeschrieben.**

Beispiele: Müller hat Schuld.
Susi hatte abends niemals Angst.
Er hat keine Bange.
Der Gemüseladen um die Ecke hat Pleite gemacht.

2 Diese Substantive werden in Verbindung mit den Verben sein, werden und bleiben **kleingeschrieben.**

Beispiele: Müller ist schuld.
Aber vor jeder Mathearbeit ist ihr angst und bange.
Markus war es leid, jeden Tag Grießbrei zu essen.
Der Gemüsehändler war pleite.
Sie ist mir gram.

Getrennt- und Zusammenschreibung

1. Enge Verbindungen aus Substantiv + Verb

1 **Die Getrenntschreibung dieser Wörter ist die Regel.** Treffen ein Substantiv und ein Verb aufeinander, werden sie getrennt geschrieben. Dabei muss aber das erste Wort eindeutig als Substantiv zu erkennen sein.

getrennt geschriebene Wortverbindungen aus Substantiv und Verb	Thorsten bedauert: „Ich kann nicht kommen, ich muss noch **Hausaufgaben machen!**“ „Bei dem Regen kannst du doch nicht **Rad fahren!**“, jammert die Frau des Postboten. An Skiliften muss man oft **Schlange stehen.**

2 **Die Zusammenschreibung ist die Ausnahme.** Wenn diese Wortverbindungen **substantiviert** werden, muss man sie zusammen- und wie jedes Substantiv großschreiben. Ein Artikel, eine Präposition oder ein Adjektiv vor der Wortverbindung helfen dir bei der Entscheidung, ob es sich um eine Substantivierung handelt. Sie können in manchen Fällen auch weggelassen werden.

zusammengeschriebene Wortverbindungen aus Substantiv und Verb	(Das) **Autofahren** ist anstrengend, wenn man ständig 180 fährt. (Das) **Schachspielen** macht Thorsten am meisten Spaß, wenn er seinen Opa in wenigen Zügen besiegt. **Beim Zeitunglesen** hat Sonja einen Bücherwurm kennen gelernt. (**Schnelles**) **Radfahren** ist äußerst gesund für den Kreislauf.

2. Verbindungen aus Verb + Verb, Partizip + Verb, Adverb + Verb

1 **Wortverbindungen mit zwei Verben werden immer getrennt geschrieben.** Getrennt geschrieben wird auch, wenn das Verb in der Wortverbindung als **Partizip** verwendet wird.

Wortverbindungen mit zwei Verben	Unseren neuen Nachbarn würde ich gerne näher **kennen lernen.** Dieses Ding stinkt, das würde ich lieber **liegen lassen.** Ich habe Hunger, lass uns etwas **essen gehen.** Max wird dieses Jahr in der Schule leider **sitzen bleiben.** Du brauchst nicht aufstehen, du kannst **sitzen bleiben!**
Wortverbindungen aus Partizip und Verb	Als kleines Kind ist mein Opa im Dorfteich **schwimmen gegangen.** Zum Geburtstag werde ich dir **singend gratulieren.** Diese Wortverbindungen musst du **getrennt schreiben.** Diesen Ganoven müssen wir unbedingt **gefangen nehmen!** Simon ist einfach in seinem Bett **liegen geblieben!**

! **Achtung:**
Auch diese Verbindungen schreibst du zusammen und groß, wenn sie als Substantive gebraucht werden.

Beispiele: (Das) Essengehen macht mir Spaß.
Das Sitzenbleiben machte Max überhaupt nichts aus.
Schon beim Kennenlernen hatte ich ein ungutes Gefühl.
Das Getrenntschreiben dieser Wörter ist die Regel, aber du musst die Ausnahmen beachten.

2 Geht ein Verb eine Verbindung mit einem **Adverb** (= „zum Verb“) ein, wird immer getrennt geschrieben. Adverben sind z. B. nebeneinander, vorwärts, rückwärts, miteinander, beiseite, genau, zugute ...

Wortverbindungen aus Adverb und Verb	Wenn die Ostereier **rückwärts rollen**, hat der Hase nicht aufgepasst. Die Sardinen müssen in den Dosen **neben-einander liegen**, weil die Blechmiete gerade wieder erhöht wurde. „Damit wir mit der Stunde **vorwärts kommen**, müsst ihr euch besser konzentrieren“, mahnte der strenge Mathelehrer. Würdest du das bitte **beiseite legen**? Diese Foto solltest du dir einmal **genau an-schauen**! Das wir dir später einmal **zugute kommen**.

3. Verbindungen aus darunter, darüber usw. + Verb, Partikel + Verb

1 Verbindungen von darüber, darunter, darauf, darin, davor und dahinter und einem Verb werden **getrennt geschrieben.** Wenn du jedoch die umgangsprachlichen Kurzformen drin, drüber, drauf, drunter verwendest, werden diese Verbindungen **zusammengeschrieben.**

darunter, darüber, darin, darauf, dahinter, davor + Verb	Sherlock Holmes klopfte auf die Mauer: „Da**hinter verbirgt** sich bestimmt das Geheimlabor!“ „Ich kann nicht mehr fernsehen! Musst du dich unbedingt **davor stellen?**“, schimpfte Jans Vater.
Kurzformen drin, drüber, drauf, drunter + Verb	Du kannst deinen Namen **draufschreiben.** Ich will heute den Hund lieber **drinlassen.**

2 Bestimmte Wortpartikel gehen mit Verben keine feste Verbindung ein: auf-, ab-, hinauf-, hinunter-, fort-, zusammen- usw. Man muss sie allerdings **im Infinitiv, im Partizip Perfekt und am Ende eines Nebensatzes mit dem Verb zusammenschreiben.**

Getrenntschreibung:	**auffallen:** Der Bankräuber **fiel** durch seine ungewöhnliche Nervosität **auf.** **hinaufschauen:** Und alle Menschen **schauten** zu ihm **hinauf.**
Zusammenschreibung im Infinitiv	Ich möchte nur ungern unangenehm **auffallen.** Mit meinem steifen Hals kann ich nicht zu dir **hinaufschauen.**
Zusammenschreibung im Partizip Perfekt	Mein buntes Fahrrad ist total **aufgefallen.** Ich habe dann aber doch zu dir **hinaufgeschaut.**
Zusammenschreibung am Ende eines Nebensatzes	Ich kann mir gut vorstellen, dass du mit diesem Fahrrad ziemlich **auffällst.** Und da wurde mir bewusst, dass ich ganz heimlich zu dir **hinaufschaue.**

4. Verbindungen aus Adjektiv + Adjektiv, Substantiv + Adjektiv

1 Wenn in einer Wortverbindung **zwei Adjektive** aufeinander treffen, werden sie **zusammengeschrieben**, z. B. feuchtwarm (feucht + warm).

Verbindungen aus Adjektiv + Adjektiv	**Nasskaltes** Wetter schlug Markus entgegen, als er morgens zur Schule ging. Das Jahrgangstreffen meiner Mutter war eine **feuchtfröhliche** Party. Wenn Jugendliche einem Erwachsenen Ratschläge geben wollen, sind sie dann **altklug**? **Lautstark** protestierend wurde Jesse James aus dem Gerichtssaal gezerrt.

2 Auch die Wortkombination **Substantiv und Adjektiv** schreibt man zusammen, z. B. felsenfest (Felsen + fest), steinhart (Stein + hart).

Verbindungen aus Substantiv + Adjektiv	Die Mathearbeit war eine **brettharte** Klausur. „Ich bin **felsenfest** davon überzeugt, dass sie nicht die Wahrheit sagen", sagte der Kommissar dem Gangster. „Ich hau dich **windelweich!**", drohte Herr Pampers seinem Konkurrenten im Supermarkt-regal.

(Vgl. dazu auch die Seiten 36 und 37).

5. Verbindungen aus Adjektiv + Verb, Adjektiv + Partizip

1 Verbindungen aus **Adjektiv + Verb** werden **getrennt geschrieben**, wenn das Adjektiv **erweiterbar** (laut, lauter) oder **steigerbar** (sehr laut) ist, z. B. hell strahlen, schnell fahren, gut riechen. Ist das nicht der Fall, werden sie zusammengeschrieben.

Verbindungen aus Adjektiv + Verb	Ich mag Blumen, wenn sie **gut riechen**. Kannst du nicht **lauter reden**? Der Schachweltmeister kann besonders **schnell denken**.

Aber: Alle Substantive werden großgeschrieben.
Du musst Adjektive kleinschreiben.
Kannst du bitte mal die Mücke dort totschlagen?

2 Adjektive, die auf -ig, -isch oder -lich enden, werden immer **vom Verb getrennt** geschrieben, z. B. hastig reden, gründlich kauen, neckisch grinsen.

Adjektive auf -ig, -isch und -lich + Verb	„Das Taschengeld hast du dir **redlich verdient**", sagte der Großvater zu seinem Enkel. Wer **gründlich kaut**, hilft seiner Verdauung. „Ich habe den Täter nur **flüchtig gesehen**", stammelte der Zeuge. Mit dem neuen Fahrrad konnte Tobias jeden in seiner Klasse **neidisch machen**. Der Pfarrer wollte den Jungen **heilig sprechen**. Das neue Auto der Meiers war **unheimlich teuer**. Die Studenten sollten den Text **kritisch lesen**.

3 Wortverbindungen, die aus **Adjektiv und Partizip** bestehen, schreibt man **immer getrennt**, z. B. gut gespielt, hart getroffen, froh gestimmt.

Verbindungen aus Adjektiv + Partizip	Der Saal war **festlich geschmückt**. Ostereier sind meistens **bunt bemalt**. Vincent wurde **auffallend bleich**.

6. Zusammenschreibung in Einzelfällen

Normalerweise werden Wörter getrennt geschrieben, wenn sie sich inhaltlich aufeinander beziehen und eng zusammen stehen. Es gibt allerdings einige **Ausnahmen**, die du dir merken solltest.

1 Immer zusammengeschrieben werden Wortverbindungen, wenn der erste oder zweite Bestandteil in dieser Form nicht selbstständig vorkommt oder für sich genommen keinen Sinn ergibt, z. B. gutmütig, redselig, wissbegierig, einfach, vieldeutig.

Beispiele: Ein so gutmütiges Pferd hatte Graf Koks noch nie gesehen.
Der Prinz gab nichts von sich außer vieldeutigen Äußerungen.
Wieder mussten die Schüler einen langatmigen Vortrag über sich ergehen lassen.

2 Zusammensetzungen mit haus-, heim-, irre-, preis-, stand-, statt-, teil- und wett- müssen **im Infinitiv, als Partizip Perfekt und am Ende eines Nebensatzes zusammengeschrieben** werden.

Zusammenschreibung im Infinitiv	Am Wettkampf im Geschichtenerzählen der 8. Klasse kann jeder Schüler **teilnehmen**, verkündete ein Flugblatt. „Jetzt musst du dein Geheimnis **preisgeben**, du Schurke“, triumphierte James Bond. Michael wollte seine Mutter bei der Schnitzeljagd wirklich nicht **irreführen**.
Zusammenschreibung als Partizip Perfekt	Der Kellner empfahl: „Probieren Sie unsere **hausgemachte** Tagessuppe!“ „Dem Einspruch wird **stattgegeben!**“, verordnete der Richter.
Zusammenschreibung am Ende eines Nebensatzes	Die Oma konnte sich darauf verlassen, dass ihre Enkel sie sicher **heimführten**. Kapitän Nemo befürchtet, dass sein Boot dem Sturm nicht **standhält**.

Aber: Hans nahm nicht teil, weil er krank wurde.
Simon schwieg und gab keine Details preis.

3 Alle Zusammensetzungen mit -irgend müssen **zusammengeschrieben** werden.

Beispiele: irgendwer, irgendwann, irgendwo, irgendwelche, irgendwie, irgendeine, irgendwoher, irgendwohin, irgendetwas

Achtung (Ausnahme): irgend so einer, irgend so welche, irgend so etwas

7. Verbindungen mit wie, zu, so

Wortverbindungen, in denen die Wörter wie, zu und so vorkommen, werden generell **getrennt** geschrieben.

Beispiele mit wie	**Wie viel** Uhr ist es, bitte? **Wie oft** soll ich das noch sagen? **Wie lange** haben wir uns nicht gesehen?
Beispiele mit zu	In diesem Raum sind **zu viele** Personen. Das geht mir **zu weit**! Für echte Erholung haben die meisten Leute **zu wenig** Zeit.
Beispiele mit so	„**So viele** Leute habe ich nicht eingeladen!“, stöhnt der Gastgeber. **So gerne** würde Herr Matur einmal Claudia Schiffer kennen lernen. Das halte ich nicht **so lange** aus, das ist ja stinklangweilig!

Achtung:
Die Konjunktionen soviel, solang, soweit, sooft und das Fragewort wieso schreibt man zusammen.

Beispiele: Er kommt heute nicht, soviel ich weiß.
Solange ich hier bin, geht keiner nach Hause!
Wieso steht hier alles unter Wasser?

8. Verbindungen mit sein

Wortverbindungen mit dem Verb sein werden **immer getrennt** geschrieben, z. B. zufrieden sein, mächtig sein, krank sein.

Beispiele: Matthias kann zufrieden sein mit seiner Mathearbeit.
Wie kann man bei diesem schönen Wetter nur krank sein?
Fabian sollte lieber vorsichtig sein.

s-Laute

1. Drei verschiedene Schreibweisen für den s-Laut

1 **Der stimmhafte s-Laut wird immer als s geschrieben.** Dieser Laut ist **weich** und wird **gesummt.** Das Ohrenzuhalten ist ein guter Test, um zu erkennen, ob ein s-Laut stimmhaft ist oder nicht: Das Wort Riesensemmel dröhnt im Kopf und kitzelt auf der Unterlippe (stimmhafter s-Laut), während das Wort Spaß scharf ist und gezischt wird (stimmloser s-Laut).

! Achtung:
Der Umkehrschluss stimmt nicht: Nicht jedes s ist ein stimmhaftes s! Denn es gibt viele Wörter, die mit s geschrieben werden, aber stimmlos sind.

stimmhafte s-Laute, die als s geschrieben werden	Sonnensucht, Riesensemmel, Siebenschläfer, Sandsuppe, Salbeisalat, Musiksucht
stimmlose s-Laute, die als s geschrieben werden	es, das, ans, bis, aus, ins, fast, Bus, Kaktus, Globus, Moos, Klaus

2 **Der stimmlose s-Laut kann in allen drei s-Schreibweisen vorkommen:** s, ß, ss.

stimmloser s-Laut, als s geschrieben	– in Wörtern, die auf **-nis, -is, -os, -as,** oder **-us** enden wie in Geheim**nis**, Verhält**nis**, Kürbis, Atlas, Ananas, Los, famos, Bus, Kaktus, Globus, Sinus – in Wörtern, die einen **s-Laut am Ende** besitzen, der bei Steigerung oder Verlängerung des Wortes zum gesummten, stimmhaften s-Laut wird: Preis – Preise, Maus – Mäuse, fies – fieser – am fiesesten, Paradies – paradiesisch – in **Wörtern mit einem t nach dem s,** wenn diese verwandte Wörter mit stimmhaftem s-Laut haben wie grast (grasen), bläst (blasen), rast (rasen), grinst (grinsen), liest (lesen), haust (hausen)

stimmloser s-Laut, als ß geschrieben	– **nach den Diphthongen** (Doppellauten) **au, äu, eu, ei, ie** wie in Strauß, außen, Äußerung, Fleiß, heißen, gießen, Spießer – **nach einem langen Vokal,** wenn im Wortstamm kein weiterer Konsonant folgt, wie in groß, Maß, Spaß, Fuß, Gruß
stimmloser s-Laut, als ss geschrieben	– **nach einem kurzen Vokal** wie in hassen, essen, Riss, küssen, Drossel, Schuss, Schloss

3

Achtung:
Normalerweise wird bei Verben in der **2. Person Singular** ein st angehängt wie in kauen – du kaust oder reiten – du reitest. Bei Verben mit ß oder ss fällt das s weg.

Beispiele: wissen – du weißt
küssen – du küsst
reißen – du reißt

4

Wörter mit s-Lauten werden nach den **üblichen Trennungsregeln** getrennt.

Beispiele: rei-ßen, Was-ser, küs-sen, ra-sen, bla-sen, spie-ßig, has-ten, ros-ten

(Vgl. dazu auch die Seiten 40 bis 42.)

2. ss nach kurzem Vokal

1 Steht der **stimmlose s-Laut** nach einem **kurz gesprochenen Vokal oder Umlaut**, schreibt man ihn als ss. Diese Regel gilt auch für alle **abgeleiteten Schreibweisen** dieser Wörter. Das ss bleibt immer erhalten, wenn der kurz gesprochene Vokal oder Umlaut erhalten bleibt.

Wörter, die nach einem kurzen Vokal oder Umlaut mit ss geschrieben werden	nasse Gasse essbarer Kuss hässliches Schloss hessisches Wasser verbessertes Gebiss
Erhalt von ss bei Ableitungen von Wörtern mit kurzem Vokal	essen – gegessen Hass – hässlich muss – müssen – musste wissen – wusste Schlüssel – verschlüsselt messen – misst passen – passt

2 **Vorsicht:**
Wandelt sich aber bei abgeleiteten Formen der kurze Vokal in einen **lang gesprochenen Vokal oder in einen Diphthong (Doppellaut)**, so steht statt ss ein ß.

Wörter, bei denen sich die Schreibweise des s-Lautes ändert, weil sich die Länge des gesprochenen Vokals (kurz zu lang) ändert	Schloss – schließen – schließbar Riss – reißen – reißbar Guss – gießen – (die) Gießerei Fluss – fließen messen – Maß – mäßig Verdruss – verdrießlich

3. ß nach langem Vokal

1 Immer dann, wenn ein scharfer, **stimmloser s-Laut** einem **lang gesprochenen Vokal, Umlaut oder einem Diphthong (Doppellaut) folgt**, schreibt man ß. Bleibt der lange Vokal (Umlaut, Diphthong) bei den **abgeleiteten Formen** dieser Wörter erhalten, bleibt auch das ß erhalten.

Wörter, die nach einem langen Vokal, Umlaut oder Diphthong mit ß geschrieben werden	übermäßiger Vielfraß genießen reißfester Fußball süß großer Spaß stoßen
Erhalt von ß bei Ableitungen von Wörtern mit langem Vokal	süß – süßer – am süßesten Spaß – spaßen – gespaßt Stoß – stoßen – gestoßen sprießen – (es) sprießt gießen – (es) gießt

2 Verwandelt sich aber bei abgeleiteten Formen der lange Vokal (Umlaut, Diphthong) in einen **kurz gesprochenen Vokal**, so steht anstelle von ß ein ss.

Wörter, bei denen sich die Schreibweise des s-Lautes ändert, weil sich die Länge des gesprochenen Vokals (lang zu kurz) ändert	reißen – gerissen – der Riss genießen – der Genuss – genossen schießen – der Schuss – geschossen Maß – messen – er misst beißen – er biss – bissfest Fraß – fressen – (der Hund) frisst

4. Pluralformen von Substantiven mit s-Lauten

Die Pluralformen von Substantiven folgen einer einfachen Regel: **Die Schreibweise der s-Laute ändert sich nicht.** Substantive mit ß haben auch im Plural ein ß und Substantive mit ss behalten dieses ss.

Singular und Plural bei Substantiven mit s-Lauten	Kloß – Klöße Riss – Risse Regenguss – Regengüsse Reisepass – Reisepässe Fuß – Füße Gruß – Grüße Abfluss – Abflüsse

5. das und dass

Die Wörter das und dass haben verschiedene Aufgaben. Während das Wörtchen dass nur als Konjunktion benutzt wird, kann das drei verschiedene Funktionen übernehmen.

1

Das kann ein **Artikel** sein und gehört dann vor ein Substantiv.

Das kann ein **Relativpronomen** sein und einen Nebensatz einleiten, der ein vorhergegangenes Substantiv näher erklärt.

Das kann ein **Demonstrativpronomen** sein und auf eine Person, einen Sachverhalt oder ein Ereignis hinweisen.

das als Artikel	Sie fütterte **das** Kaninchen. **Das** Kuchenstück war verschwunden. Warum erklärst du mir nicht **das** Problem?
das als Relativpronomen	Das Lachen, **das** sie so liebte, verstummte. Schließlich kaufte er das Haus, **das** beide Kriege überstanden hatte. Das Tier, **das** an seinem langen Rüssel scharfe Zähne hat.
das als Demonstrativpronomen	**Das** hätte er nie für möglich gehalten. **Das** ist unglaublich! **Das** ist der Scherbenhaufen des Monats.

2

Das Wörtchen dass ist **immer eine Konjunktion** und verbindet einen Haupt- mit einem Nebensatz. Dass kann auch an den Satzanfang gestellt werden.

dass als Konjunktion, die Haupt- und Nebensatz verbindet.	Maria hat das Gefühl, **dass** sie krank wird. Er war so wütend, **dass** er das Telefon in den Kühlschrank stellte.
dass als Konjunktion in vorangestellten Nebensätzen	**Dass** es so weit kommen musste, war schlimm! **Dass** Pferde vier Beine haben, weiß doch jedes Kind.

Eine kleine Hilfe:
Wenn man das durch „dieses“, „jenes“ oder „welches“ ersetzen kann, wird es mit s geschrieben. Kann das nicht durch eines dieser Wörter ersetzt werden, ist es eine Konjunktion und wird mit ss geschrieben.

Beispiele: Das Auto, das er für das Fahrrad eingetauscht hatte, liebte er sehr.
Jenes Auto, welches er für dieses Fahrrad eingetauscht hatte, liebte er sehr.

Dehnung und Schärfung

1. Dehnung der Vokale a, e, o, u

Die lang gesprochenen Vokale a, e, o und u werden auf drei verschiedene Arten geschrieben:

Entweder deutet ein **Dehnungs-h** wie in hohl an, dass ein Vokal lang ausgesprochen wird.

Oder der **Vokal verdoppelt sich** wie in Boot und wird dann auch gedehnt.

Vielen Wörtern wie zum Beispiel rot oder Not sieht man es leider nicht an, dass der Vokal lang ausgesprochen wird. Hierfür ist die so genannte **unsichtbare Dehnung** verantwortlich.

Wörter mit Dehnungs-h: ah, eh, oh, uh	Bahn, fahren, Hahn, Zahl, angenehm, Lehrer, Mehl, Sehnsucht, stehlen, befohlen, Floh, froh, Hohn, Ohr, fuhr, Huhn, Kuh, Schuh, Uhr, Stuhl
Wörter mit Doppelvokalen: aa, ee, oo	Aal, Haar, Paar, Saal, Saat, Staat, Allee, Kaffee, Leere, Schnee, Seele, Seestern, Boot, Moor, Moos, Zoo
Wörter mit unsichtbarer Dehnung: a, e, o, u	Blase, Dame, Dativ, malen, Name, Feder, kleben, Schere, Weg, Po, schonen, Soße, Tod, Fuge, Frisur, Jubel, Känguru, Kakadu, Zug

2. Dehnung des Vokals i

Beim Vokal i gibt es insgesamt vier Möglichkeiten der Dehnung:

Häufig wird das **i durch ein e gedehnt** wie in Bier.

Seltener ist die **Dehnung durch ein eh** wie in flieht.

Nur in Ausnahmefällen wird das i durch **ein h gedehnt** wie zum Beispiel in ihr.

Einen Doppelvokal ii gibt es nicht, dafür aber **unsichtbare Dehnungen** wie in Musik.

Wörter mit ie	Batterie, Klavier, mies, Spieß, Demokratie, Melodie, Abschied, rasieren, schieben, Liebe, Sieb, Priester, Gier, Stiel, Diener, Zwiebel, Dachgiebel, diskutieren, verzieren
Wörter mit ih	ihm, ihn, ihnen, ihr, ihrem, ihren, ihres, ihrer
Wörter mit ieh	Vieh, stiehlt, befiehlt, sieht, flieht, geschieht, zieht
Wörter mit unsichtbarer Dehnung	Stil, Fibel, wir, dir, Widerstand, Augenlid, Tiger, Krise, Termin, Sirup, Ruine, Apfelsine, Lawine, Rosine, Mine, Maschine, Kantine

3. Dehnung der Umlaute ä, ö, ü

1 Nicht nur Vokale, auch Umlaute können lang gesprochen werden. Umlaute werden entweder durch ein **Dehnungs-h** gedehnt wie in Gefühl oder die Wörter enthalten eine **unsichtbare Dehnung** wie in schwül.

Umlaute mit Dehnungs-h: äh, öh, üh	Fähre, Gefährte, Krähe, wählen, Währung, zählen, Höhle, Söhne, verwöhnen, Bühne, glühen, wühlen
Umlaute mit unsichtbarer Dehnung: ä, ö, ü	nämlich, schädlich, Schräge, Säge, spärlich, Träne, Möbel, möglich, Vögel, Bügel, Flügel, Spüle, Wüste

Kleiner Tipp:
Ob ein lang gesprochener Umlaut mit oder ohne Dehnungs-h geschrieben wird, lässt sich herausfinden, wenn du verwandte Wörter suchst: täglich kommt von Tag, krönen von Krone, aufspüren von Spur, zählen von Zahl.

2 In einigen Fällen wird aus einem Doppelvokal wie in Saal in der Pluralform (Säle) oder der so genannten Verkleinerungsform ein Umlaut (Sälchen).

Wörter mit Doppelvokal	Verkleinerungsform
Paar	Pärchen
Haar	Härchen
Boot	Bötchen

Vorsicht:
Die Verkleinerungsform des Wortes Seele ist zwar Seelchen, aber die Ableitung selig wird nur mit einfachem e geschrieben.

4. Kurze Vokale

1 **Vokale werden kurz und scharf gesprochen**, wenn ihnen doppelte Konsonanten folgen wie z. B. in Lotto. Häufige **Doppelkonsonanten** sind ff wie in Affe, ll wie in Halle, mm wie in Sommer, nn wie in Panne, pp wie in Puppe, rr wie in irre, ss wie in lassen oder tt wie in Otter. Auch wenn nach einem Vokal **mehrere, nicht gleiche Konsonanten** stehen wie in zwitschern wird der Vokal kurz gesprochen.

Wörter mit Doppelkonsonanten	Bettvorleger, Mittagessen, Bratpfanne, Abfalltasse, Zimmermänner, Baggerschaufel, Irrtum, Klappbett, Krabbe
Wörter mit mehreren, nicht gleichen Konsonanten (Konsonantenhäufung)	Stück, Blick, Platz, schmatzen, Flasche, Bach, Drache, Tisch, Konzert, Klempner, Hemd, fälschen

Achtung:
Der Wortstamm hilft dir, die richtige Schreibweise zu erkennen:
bekannt leitet sich ab von kennen, kommt von kommen, platzieren von Platz usw. (siehe dazu auch Seite 38).

2 Bei **Zusammensetzungen** und **Ableitungen** bleibt die **Verdoppelung** nach kurzem Vokal bestehen. Stoßen bei Zusammensetzungen **drei gleiche Konsonanten** aufeinander, bleiben sie alle erhalten.

Beispiele:	Sonn(e)	+	Tag	=	Sonntag
	fass(en)	+	-bar	=	fassbar
	irr(en)	+	-tum	=	Irrtum
	Aff(e)	+	-if	=	affig
	Fett	+	Tropfen	=	Fetttropfen
	fress(en)	+	Sucht	=	Fresssucht
	Flanell	+	Lappen	=	Flanelllappen
	roll(en)	+	Laden	=	Rollladen

(Vgl. dazu auch Seite 38.)

3 Etliche Wörter enthalten jedoch **einen kurz gesprochenen Vokal ohne folgende Konsonantenverdoppelung.** Diese Schreibweise kann oft auch nicht von einer Stammform abgeleitet werden, sondern muss auswendig gelernt werden.

Wörter mit kurz gesprochenem Vokal ohne Konsonantenverdoppelung	Hotel, Bus, Kaktus, Ergebnis, Ananas, man, das (Artikel), es, hin, Rum

5. Wörter mit ck

Das ck gilt als **Doppelkonsonant** und steht für kk. Wie alle übrigen Doppelkonsonanten steht ck deshalb **nur nach kurzen Vokalen**. Nach langen Vokalen und nach Konsonanten steht dagegen ein einfaches k.

ck nach kurzem Vokal	Decke, meckern, Wecker, Blick, Mücke, flicken, Dackel, hocken
k nach langem Vokal oder in Verbindung mit anderen Konsonanten	Luke, Ekel, Spuk, Krake Falke, Imker, Wolke, Anker

Vorsicht, Ausnahme:
Einige aus anderen Sprachen entlehnte Wörter werden nur mit einfachem k geschrieben, obwohl der Vokal davor kurz gesprochen wird: Technik, Klinik, Automatik, Insekt, Oktober, Direktor.

6. Wörter mit tz

Das tz gilt ebenfalls als **Doppelkonsonant**, es steht für zz. Das tz wird **immer nur nach kurzen Vokalen** benutzt.

Beispiele: Witz, Satz, Klotz, blitzen, kratzen, schmatzen, Katze, setzen, spitz, Trotz

Wortbildung

1. Wortzusammensetzungen

1 Dass man viele Wörter aneinander reihen kann, um neue Ausdrücke zu bilden, ist eine Besonderheit der deutschen Sprache. So könnte man durchaus sagen: „Die Rathausvorplatztelefonhäuschenfarbgebungsdiskussion verlief unbefriedigend.“ Natürlich ist das ein sehr umständliches Wortungeheuer. Verständlicher wäre es zu sagen: „Die Diskussion um die Farbgebung des Telefonhäuschens auf dem Rathausvorplatz verlief unbefriedigend.“ Aber: **Durch das Zusammensetzen von zwei oder mehreren Wörtern können ständig neue Ausdrücke entstehen.**

2 Normalerweise bestehen zusammengesetzte Wörter aus einem **Grundwort** und einem **Bestimmungswort**. Grund- und Bestimmungswort können gleichen oder verschiedenen Wortarten angehören. Durch das Zusammensetzen mit anderen Wörtern kann ein Grundwort verstärkt oder genauer beschrieben werden.

Achtung:
Entsteht bei Zusammensetzungen ein neues Substantiv, so richtet sich der Artikel immer nach dem Grundwort!

Zusammensetzungen aus:	Bestimmungswort	Grundwort	zusammengesetztes Wort
Substantiv + Substantiv	die Sonne die Schokolade der Herr	die Uhr der Kuchen das Rad	die **Sonnenuhr** der **Schokoladenkuchen** das **Herrenrad**
Adjektiv + Substantiv	groß alt das Blut	der Onkel das Papier rot	der **Großonkel** das **Altpapier** **blutrot**
Verb + Substantiv	rennen fahren malen	der Fahrer die Bahn die Aktion	der **Rennfahrer** die **Fahrbahn** die **Malaktion**

Zusammensetzungen aus:	Bestimmungswort	Grundwort	zusammengesetztes Wort
Verb + Adjektiv	rutschen trinken	fest stark	**rutschfest** **trinkstark**
Adjektiv + Adjektiv	blau hell	grün hörig	**blaugrün** **hellhörig**
Zahlwort + Substantiv	fünf sechs	der Kampf das Eck	der **Fünfkampf** das **Sechseck**
Präposition + Substantiv	vor zwischen über	die Stadt der Bericht das Angebot	die **Vorstadt** der **Zwischenbericht** das **Überangebot**

3

Achtung:
Bei Wortzusammensetzungen können Buchstaben wegfallen wie z. B. bei spür(en) + Sinn = Spürsinn. Es können aber auch so genannte **Fugenzeichen** hinzukommen, die eine Art „Klebstoff“ zwischen den Wörtern bilden , wie z. B. in Engelshaar, Wüstenbewohner, Meerespflanzen oder Rinderwahnsinn.

2. Das Stammprinzip

1 Die Schreibweise eines Wortes richtet sich meistens nach der **Wortfamilie,** aus der es stammt, also nach dem **Stammprinzip.** In einigen Fällen ändern sich bei den Ableitungen die Vokale wie z. B. in Hahn – Hähne, Huhn – Hühner, Holz – Gehölz. **Als Regel gilt aber: Die Schreibweise der Wörter innerhalb einer Wortfamilie bleibt gleich!**

Beispiele für Wortfamilien
Beule, verbeult, beulig
fahren, Gefährt, Fähre, Fahrerei, fahrbar
Schnauze, schnäuzen, großschnäuzig
hohl, Höhle, aushöhlen
Nummer, nummerieren, nummerierbar
Platz, platzieren, platziert, Platzierung
Stange, Blumenstängel, Stängelchen, stängellos

Achtung: Die Schreibweise von Verben ändert sich mitunter auch innerhalb der Wortfamilie wie zum Beispiel in fahren – fuhr – Fuhrunternehmer. Schau auch in die Wörterliste!

2 Treffen in einer Zusammensetzung mehrere Buchstaben aufeinander, bleiben **alle Buchstaben der einzelnen Wortstämme erhalten.**

Wörter mit Dreifachkonsonanten	Geschirrreiniger, Stresssituation, Betttuch, Seeelefant, Papppolizist, Schwimmmeister, Flanelllappen, Balletttänzer
Wörter mit ungewöhnlichen Konsonantenkombinationen	Rohheit (roh + -heit) Zähheit (zäh + -heit) Zierrat (zieren + -rat) selbstständig (selbst + ständig*)

Wörter mit Dreifachvokalen dürfen auch mit Bindestrich geschrieben werden wie z. B. See-Elefant und Kaffee-Ersatz.

*Die Schreibweise selbständig ist nach wie vor auch zulässig.

3. Wörter mit Vor- und Nachsilben

1 Durch das Anhängen von Vorsilben oder Nachsilben an den Wortstamm kann ein Wort **seine Bedeutung verändern** wie z.B. bei trennen – un/zer/trenn/lich. Dabei kann sich die Schreibweise verändern: frieren – ver/froren.

2 Gebräuchliche **Vorsilben** sind be-, end-, ent-, ge-, miss-, un-, ur-, und ver-. Am häufigsten tauchen sie vor Verben, Adjektiven und Substantiven auf.

Substantive mit Vorsilben	Endstation, Berührung, Missverständnis, Unsinn, Verlangen, Entbindung, Geduld, Urschrei
Verben mit Vorsilben	entfallen, misstrauen, gedulden, vertauschen, bekunden, begießen
Adjektive mit Vorsilben	unglücklich, missmutig, uralt, geduldig, verträumt, endlos

3 Die Nachsilben -heit, -keit, -nis, -schaft, -tum und -ung deuten an, dass es sich um ein Substantiv handelt. Die Nachsilben -ig, -isch, -lich, -sam und -bar machen Wörter zu Adjektiven.

Substantive mit Nachsilben	Frechheit, Übelkeit, Erkenntnis, Erbschaft, Duckmäusertum, Verzeihung
Adjektive mit Nachsilben	teuflisch, saftig, nebelig, fantastisch, erbärmlich, unterhaltsam, einsam, unheimlich, erkennbar, essbar

Vorsicht:
Wörter, die auf -ig enden, werden häufig mit einem ch-Laut ausgesprochen. Verlängere das Wort, um herauszufinden, wie es geschrieben wird: spritzig – spritziger Film. In den Verlängerungen kann man das g nämlich hören.

Bei Endungen auf -lich wird manchmal ein t eingeschoben:
hoffentlich, eigentlich

Silbentrennung

1. Trennung nach Sprechsilben

1 Lange Wörter, die nicht mehr ans Ende einer Zeile passen, müssen getrennt werden. Es gibt **zwei Möglichkeiten der Worttrennung**: Zusammengesetzte Wörter trennt man nach ihren **Bestandteilen** wie in Zimt-eis. Wörter mit mehreren Silben trennt man nach **Sprechsilben** wie in Scho-ko-la-de.

Trennung nach einzelnen Bestandteilen	Fuß-ball, Ost-kreis, Heim-spiel, Berg-welt, Hand-spiel, Herbst-laub, Burg-tor, Schwimm-bad, Stink-tier, Lern-frust
Trennung nach Sprechsilben	Schild-krö-te, Zi-ga-ret-te, Zu-frie-den-heit, Com-pu-ter, Schwin-gun-gen, ver-tre-ten, un-ter-for-dern
Trennung nach Sprechsilben und einzelnen Bestandteilen	Hun-de-steu-er, Au-to-bahn-ka-pel-le, Hand-ta-schen-dieb, Steu-er-be-ra-ter

2 Wörter, die nur aus einer Silbe bestehen, werden nicht getrennt.

Beispiele: Eis, wir, doch, auf, Fuß, Spaß, wann, Tal, Schnee, stark, ging, du, gern, oft, laut

3 Besteht die erste Sprechsilbe eines Wortes aus einem einzelnen Vokal wie in Igel, so kann das Wort nach dem Vokal getrennt werden: I-gel. Allerdings sollte man diese Trennungen vermeiden, denn sie behindern das Lesen.

Beispiele: O-ber, A-der, ü-ber, U-fer, O-fen, A-bend, U-hu, E-ber, E-feu, I-re

2. Trennung von Konsonanten

1 Gibt es an der Trennungsstelle nur **einen Konsonanten** oder steht ein Konsonant zwischen zwei Vokalen wie in Hose oder traben, wird er auf die nächste Zeile gesetzt.

Beispiele: Mo-tor, Sei-fe, Ne-bel, Te-le-fon, Ta-fel, Sie-ger, Spo-ren, hü-ten, ba-den, spa-zie-ren, ka-na-lie-sie-ren

2 Gibt es **mehrere Konsonanten** an der Trennungsstelle, rutscht nur **der letzte** hinter den Trennstrich. Bei Wörtern, die an der Trennstelle einen Doppelkonsonanten besitzen, werden die Doppelbuchstaben daher auseinander gerissen.

Wörter mit mehreren Konsonanten an der Trennstelle	Pfings-ten, schimp-fen, schrump-fen, klot-zig, engs-ter, for-dern, Ge-burts-tag
Wörter mit Doppelkonsonanten an der Trennstelle	Bäl-le, Schwem-me, Trep-pe, Rin-ne, Flam-men, Grot-te, Kas-se

3 Bei zusammengesetzten Wörtern mit **drei gleichen Konsonanten** gilt ebenfalls die Regel: Der letzte Konsonant gehört auf die nächste Zeile.

Beispiele: Gewinn-nachzahlung, Schwimm-meister, Schnee-esser, Schiff-fahrt, Brenn-nessel

4 Wörter mit st, sp, pf und tz werden ebenfalls nach dieser Regel getrennt.

Beispiele: Hus-ten, Kas-ten, wis-pern, knus-pern, trop-fen, Zap-fen, Wit-ze, schwät-zen

5 Konsonantenverbindungen wie ch, ck, sch, th, ph und rh gelten als **ein Laut** und dürfen **nicht getrennt** werden. Hier rutschen alle Konsonanten hinter dem Trennstrich auf die nächste Zeile.

Wörter mit -ch	ki-chern, be-chern, la-chen, fre-che, Kra-cher, Wo-che
Wörter mit -ck	Zu-cker, Brü-cke, Ma-cker, ho-cken, spi-cken, Rü-cken, schlu-cken
Wörter mit -sch	Wu-schel-kopf, Du-sche, Fla-sche, wa-schen, Ti-sche
Wörter mit -th	Apo-theke, Pan-ther (auch: Pan-ter), Zi-ther
Wörter mit -ph	Ste-phan, Katastro-phe, Philoso-phie, Meta-pher
Wörter mit -rh	Hämor-rhoiden (auch: Hämor-riden)

3. Trennung von Fremdwörtern

1 Fremdwörter können **wie in ihrer Herkunftsprache** und **nach den deutschen Trennregeln** getrennt werden. Für Wörter, die wir aus anderen Sprachen übernommen haben, gibt es gibt also zwei „richtige" Trennweisen.

Originaltrennung	deutsche Trennung
Ma-gnet	Mag-net
neu-tral	neut-ral
Qua-drat	Quad-rat
Si-gnal	Sig-nal
Heliko-pter	Helikop-ter
par-allel	pa-rallel

2 Einige deutsche Wörter können ebenfalls auf **zwei Arten** getrennt werden. Es sind Wortzusammensetzungen, die man nicht mehr als solche wahrnimmt.

	mögliche Trennungen	
darum	dar-um	da-rum
warum	war-um	wa-rum
hinauf	hin-auf	hi-nauf
heran	her-an	he-ran
einander	ein-ander	ei-nander

4. Irreführende Trennungen

Bei Wörtern mit mehreren Silben kann es manchmal zu witzigen oder unsinnigen Trennungen kommen. Es ist daher ratsam, Wörter so zu trennen, dass der **Wortsinn** nach wie vor zu erkennen ist.

Beispiele: Ur-instinkt (und nicht: Urin-stinkt)
be-inhalten (und nicht: bein-halten)
See-ufer (und nicht: Seeu-fer)
be-stehende (und nicht: beste-hende)

Fremdwörter

1. Ein Fremdwort – zwei Schreibweisen

Etlichen Wörtern, die wir täglich benutzen, sieht man gar nicht mehr an, dass es Fremdwörter sind. Wörter wie Thema oder Apotheke bzw. Universität oder Reparatur wurden aus dem **Griechischen** bzw. **Lateinischen** in den deutschen Wortschatz übernommen. Andere Wörter wie Chance oder Interview stammen aus dem **Französischen** bzw. dem **Englischen**.

Fremdwörter dürfen so geschrieben werden wie in ihrer Herkunftssprache – sie können aber auch nach Vereinfachungsregeln geschrieben werden. **Manche Fremdwörter haben daher zwei „richtige" Schreibweisen.**

	Originalschreibweise	vereinfachte, eingedeutschte Schreibweise
ai → ä	auch: Mayonnaise	Majonäse
c → ss	Necessaire	auch: Nessessär
ch → sch	auch: Ketchup	Ketschup
é, ée → ee	Chicorée	auch: Schikoree
gh → g	Spaghetti	auch: Spagetti
ou → u	auch: Nougat	Nugat
ph → f	auch: Photographie	Fotografie
qu → k	Kommuniqué	auch: Kommunikee
rh → r	Hämorrhoiden	auch: Hämorriden
th → t	Panther	auch: Panter
y → j	auch: Mayonnaise	Majonäse

(Bei diesen Schreibweisen wird die jeweilige Nebenform mit „auch:" angezeigt. Beide Schreibweisen sind richtig und dürfen verwendet werden – die Hauptform wird aber bevorzugt empfohlen.)

! **Achtung:** Wörter mit ph, rh und th wie Katastrophe, Rhythmus oder Thema ändern nicht ihre Schreibweise. Wörter mit den Silben phon, phot und graph können statt mit ph mit f geschrieben werden wie in Fotograf, Telefon und Grafik. Dasselbe gilt für Delphin, der auch Delfin geschrieben werden darf.

2. Englische Fremdwörter

1 Englisch ist die Sprache, aus der die meisten neuen Fremdwörter „importiert“ werden. Für alle englischen Fremdwörter gilt, dass sie nach der **deutschen Groß- und Kleinschreibung** behandelt werden. Substantive werden also immer großgeschrieben.

Englische Fremdwörter, die der deutschen Groß- und Kleinschreibung folgen	**Floppydisk**, auch: **Floppy Disk** (engl. floppy disk) **Shortstory**, auch: **Short Story** (engl. short story) **Smalltalk**, auch: **Small Talk** (engl. small talk) **Talkshow** (engl. talk show) **Softdrink**, auch: **Soft Drink** (engl. soft drink) **Bigband**, auch: **Big band** (engl. big band)

2 Etliche englische Ausdrücke bestehen wie das Wort Jetset aus zwei Wörtern, nämlich jet und set. Einige dieser englischen Fremdwörter dürfen im Deutschen auch zusammengeschrieben werden. Für sie gibt es eine Haupt- und eine Nebenform.

	Hauptform	Nebenform
Englische Fremdwörter mit einer Haupt- und einer Nebenvariante	Happyend Hotdog Fastfood Hardcover Freejazz	Happy End Hot Dog Fast Food Hard Cover Free Jazz

Achtung:
Vergleiche mit anderen englischen Fremdwörtern in der Wörterliste im Anhang!

3 Bei englischen Fremdwörtern, die auf -y enden, wird in der Pluralform stets ein s angehängt.

Pluralbildung englischer Fremdwörter auf -y	Hobby – **Hobbys** Lady – **Ladys** Baby – **Babys** Story – **Storys** Daddy – **Daddys** Dummy – **Dummys**

!

Achtung im Englischunterricht:
Im Englischen wird der Plural bei diesen Wörtern mit -ies gebildet:

my hobby – my hobbies
my story – my stories

Zeichensetzung

1. Satzzeichen, die Sätze gliedern – eine Übersicht

Satzzeichen haben verschiedene Funktionen in einem Satz. **Der Punkt, das Fragezeichen** und **das Ausrufezeichen** beenden einen Satz, sie heißen daher auch **Satzschlusszeichen. Komma, Semikolon** und **Gedankenstrich** verbinden Sätze oder Satzteile miteinander. Der **Doppelpunkt** kündigt Weiterführendes an und **Klammern** enthalten Zusatzinformationen oder Nachträge. Die Übersicht macht die Unterschiede deutlich:

Punkt, Fragezeichen und Ausrufezeichen am Satzende	Hertha lachte. Der Ball war im Honigfass gelandet. Ist der Ball etwa im Honigfass gelandet? Mann, der Ball ist im Honigfass gelandet!
Das Komma trennt Sätze, die inhaltlich stärker miteinander verbunden sind.	Hertha lachte, der Ball war im Honigfass gelandet.
Das Semikolon trennt Sätze deutlicher als das Komma. Trotzdem sind die Sätze inhaltlich miteinander verbunden.	Hertha lachte; der Ball war im Honigfass gelandet.
Der Gedankenstrich zeigt an, dass das Folgende ein Nachtrag oder ein zusätzlicher Gedanke ist.	Hertha lachte – der Ball war im Honigfass gelandet.
Der Doppelpunkt kündigt etwas Weiterführendes oder eine Erklärung an.	Hertha lachte: Der Ball war im Honigfass gelandet.
In einer Klammer stehen Zusatzinformationen oder Nachträge, die nicht direkt zum Text gehören.	Hertha lachte (der Ball war im Honigfass gelandet).

2. Das Fragezeichen

1 **Hinter direkten Fragen oder einzelnen Fragewörtern steht ein Fragezeichen.**

Fragewörter	Warum? Wieso? Wer? Wann? Weshalb? Womit?
direkte Fragen	Wie heißt du? Darf ich mir noch ein Stück Kuchen nehmen? Wo ist meine Brille? Können wir uns am Donnerstag treffen?

2 **Hinter indirekten Fragen steht kein Fragezeichen.** Es wird durch Wörter und Satzteile ersetzt.

indirekte Fragen	Sie wollte wissen, **weshalb der Mantel schmutzig war.** Frag doch mal, **wie lange wir draußen spielen dürfen.**

3. Komma bei Aufzählungen

1 Das Komma steht bei Aufzählungen. Aufzählungen können aus einzelnen Wörtern, Wortgruppen oder gleichwertigen Satzteilen bestehen.

Aufzählung mit einzelnen Wörtern	Für die Wahlparty kaufte er **Bier, Würstchen, Senf, Chips** und **eine Eistorte.**
Aufzählung mit Wortgruppen	Manfred hatte vergessen **das Paket aufzugeben, die Katzen zu füttern, den Rasen zu mähen** und **die Blumen zu gießen.**
Aufzählung mit Teilsätzen	**Die Deutschen spielen gegen Amerika, die Engländer wollen gegen Argentinien gewinnen, Italien kämpft gegen die Koreaner** und **die Russen schauen zu.**

Achtung:
Vor und, oder, sowie, sowohl – als auch steht auch bei Aufzählungen **kein** Komma.

2 **Vorsicht bei Aufzählungen mit Adjektiven!** Ist das **letzte Adjektiv fest mit dem Substantiv verbunden** wie in Der trockene englische Humor ist manchmal anstrengend, darf es **nicht** mehr durch ein Komma abgetrennt werden. Denn dieser Satz bedeutet: Der englische Humor ist trocken und manchmal anstrengend.

Aufzählung mit Adjektiven, bei der das letzte Adjektiv fest mit dem Substantiv verbunden ist.	die schöne, wertvolle **ägyptische Vase** (Die ägyptische Vase ist schön und wertvoll.) das teure **bayrische Bier** (Das bayrische Bier ist teuer.)
Aufzählung mit Adjektiven, bei der das letzte Adjektiv nicht mit dem Substantiv verbunden ist.	das **erfrischende, herzhafte, kühle Bier** (Das Bier ist erfrischend, herzhaft und kühl.) das **faule, freche, dicke Reitpferd** (Das Pferd ist faul, frech und dick.)

4. Komma bei Konjunktionen

1 Konjunktionen, die gleichwertige Wörter, Wortgruppen oder Sätze miteinander verbinden, stehen immer am Anfang des angehängten Satzteiles. **Ein Komma wird nur dann gesetzt, wenn ein Unterschied hervorgehoben werden soll oder eine Begründung angegeben wird.** Die folgende Übersicht solltest du dir deshalb einprägen:

Konjunktionen ohne Kommasetzung	Konjunktionen mit Kommasetzung
und	aber
oder	denn
sowohl … als auch	dennoch
sowie	jedoch
entweder … oder	doch
wie	sondern
nicht … doch	nämlich
weder … noch	also

Beispiele:

Guildo Horn singt sowohl in Birmingham als auch in Glasgow.
Rebecca nahm Münzen sowie einige Geldscheine an sich.
Er konnte sich weder an ihren Geburtstag noch an ihre Telefonnummer erinnern.

Die Prinzessin war reich, aber unglücklich.
Sie fahren nicht nur bei Sonnenschein, sondern auch bei Regen.
Ich sage jetzt nichts mehr, denn du lässt mich ja nie ausreden.

2

Verbinden die Konjunktionen und und oder **zwei selbstständige Hauptsätze, muss kein Komma gesetzt werden**. Allerdings **kann** zwischen diesen Sätzen ein Komma gesetzt werden. Es ist dann empfehlenswert, wenn die Satzgliederung dadurch deutlicher wird.

Beispiele: Der Standesbeamte traute das Ehepaar(,) und dann küssten sich die Jungvermählten.
„Du kommst jetzt vom Baum(,) oder wir streichen dir das Taschengeld für die nächste Woche.“
Susanne sang(,) und Max hörte zu.

Bei dem folgenden Satz empfiehlt es sich zum Beispiel ein Komma zu setzen:
Sie küssten sich, und alle Gäste, die im Raum waren, sahen zu.

Die Variante ohne Komma führt hingegen zu Missverständnissen:
Sie küssten sich und alle Gäste, die im Raum waren, sahen zu. (Werden die Gäste auch geküsst?)

5. Komma bei Nebensätzen und Einschüben

1 Wird ein Satz in einen anderen eingefügt, so trennt man ihn durch **zwei Kommas** ab. Auch Wortgruppen können als Zusatzinformation in einen Satz eingefügt werden.

Beispiele: Ich werde dir das, was du mir angetan hast, nie verzeihen.
Die Fliegen, die in der Suppe schwammen, hatte der Koch vorher paniert.
Actionfilme, besonders James-Bond-Filme, sieht Heino am liebsten.

2 Stehen **Nebensätze vor oder hinter einem Hauptsatz**, werden sie durch ein **Komma** abgetrennt. Du erkennst einen Nebensatz daran, dass er mit Wörtern wie z. B. dass, weil, damit, ob, der, welcher, wo usw. eingeleitet wird und dass die Personalform des Verbs am Ende steht.

vorangestellter Nebensatz	**Wenn du willst,** hole ich dich morgen früh ab. **Als Ernie sich die Schuhe auszog,** griff Bert zur Gasmaske.
nachgestellter Nebensatz	Bert stöhnte laut**, bevor er in Ohnmacht fiel.** Ich glaube**, dass du das schaffen wirst!**

6. Komma bei erweitertem Infinitiv und Partizipgruppen

1 **Vor erweiterten Infinitiven mit „zu" oder bei Partizipgruppen kann das Komma wegfallen.** In einigen Fällen ist es aber durchaus sinnvoll, ein Komma zu setzen. Dadurch kann die Gliederung eines Satzes deutlich gemacht werden.

Satz mit erweitertem Infinitiv	Wir empfehlen(,) **ihm** nichts **zu sagen.** Er fuhr noch schneller(,) **um** die Verfolger **abzuhängen.**
Satz mit Partizipgruppe	Aus vollem Halse **lachend(,)** rief er mich an. Von allen Freunden laut **umjubelt** und **besungen(,)** erreichte er das Ziel.

Bei dem folgenden Satz empfiehlt es sich zum Beispiel, ein Komma zu setzen:
Die Lehrerin befahl, Horst schnell zu helfen. (Horst braucht Hilfe)
Die Lehrerin befahl Horst, schnell zu helfen. (Horst soll helfen)

2 In Sätzen mit erweiterten Infinitiven **muss dann ein Komma gesetzt werden**, wenn sie durch ein **hinweisendes Wort** oder eine Wortgruppe angekündigt oder wieder aufgenommen werden.

Beispiele: Daran, den Job länger zu behalten, dachte sie nicht.
Erinnere mich daran, dich morgen anzurufen.
Es ist durchaus sinnvoll, ein Komma zu setzen.
Zu tanzen, das macht mir Spaß.

7. Der Doppelpunkt

1 Der Doppelpunkt kündigt **etwas Weiterführendes oder eine Erklärung an.** Dies können z. B. Aufzählungen oder auch Zusammenführungen sein.

Doppelpunkt vor einer Aufzählung	Frau Schlemmer bestellte ein Eis für 5 Mark: **Erdbeer, Himbeer, Zitrone, Vanille und Nuss.**
Doppelpunkt vor einer Zusammenfassung	Abwarten und Tee trinken: **Das war sein Motto.**

2 Bei der **wörtlichen Rede** endet der Begleitsatz, wenn er **vorangestellt** wird, stets mit einem Doppelpunkt.

Beispiele: Der Mann sagte: „Mannomann!“
Max sagt ironisch: „Soll das etwa alles sein?“

3 Nach einem Doppelpunkt wird **das erste Wort großgeschrieben,** wenn eine wörtliche Rede folgt oder ein vollständiger Satz. Du schreibst es nur dann **klein,** wenn der folgende Satz nicht vollständig ist oder eine Aufzählung folgt.

Doppelpunkt vor vollständigem Satz oder wörtlicher Rede (Großschreibung)	Das Testament ließ keinen Zweifel offen: Der Enkel Rainer war alleiniger Erbe. Der Arbeitsminister betonte: „Die Renten sind sicher!“
Doppelpunkt vor nicht vollständigem Satz oder Aufzählung (Kleinschreibung)	Er teilte ihm mit, was umgehend getan werden musste: das Wasser abzustellen. Die Strafe war fürchterlich: einen Monat Fernsehverbot, kein Taschengeld und samstags immer Rasen mähen.

8. Satzzeichen bei wörtlicher Rede

1 Wörtlich wiedergegebene Äußerungen, Gedanken oder Zitate werden durch **Anführungszeichen** markiert. Die Satzzeichen, die jeweils dazugehören, stehen stets **vor** dem abschließenden Anführungszeichen.

Anführungszeichen bei wörtlicher Rede	Er sagte: „Wahnsinn, dieser Sonnenuntergang!“
Anführungszeichen bei Wiedergabe von Gedanken (oder Wünschen)	Urmel überlegte: „Wie komme ich auf meine Eisscholle?“
Anführungzeichen bei Zitaten	An diesen Satz von Gorbatschow „Wer zu spät kommt, den bestraft das Leben!“ muss ich oft denken.

2 Vorangestellte **Begleitsätze** enden stets mit einem Doppelpunkt. Steht der Begleitsatz am Schluss, endet die wörtliche Rede mit einem Komma. Ist der Begleitsatz in die Rede eingeschoben, schließt man ihn mit einem paarigen Komma ein.

vorangestellter Begleitsatz	Vincent lachte: „Das glaubst du ja wohl selbst nicht!“
Begleitsatz am Ende	„Warum hast du mich nicht gewarnt?“, fragte Oskar.
eingeschobener Begleitsatz	„Ich denke“, sagte Otto zu Fred, „wir sollten Frieden schließen“.

A

Aal, der (die Aa/le)
A/bend, der (die A/ben/de)
a/ber
Ab/fall, der (die Ab/fäl/le)
ab/pral/len: du prallst ab, er prall/te ab, sie ist ab/ge/prallt
Ab/sen/der, der (die Ab/sen/der)
acht
acht/zig
ähn/lich (ähn/li/cher, am ähn/lichs/ten)
är/gern, sich: du är/gerst dich, er är/ger/te sich, sie hat sich ge/är/gert
Af/fe, der (die Af/fen)
Af/ter/shave, das (*engl.*, die Af/ter/shaves): Rasierwasser; *auch:* Af/ter-Shave
Ah/le, die (die Ah/len): ein spitzes Werkzeug
Air/port, der (*engl.*, die Air/ports): Flughafen
Al/lee, die (*franz.*, die Al/le/en)
al/lein
al/ler/dings
Al/pha/bet, das (*griech.*, die Al/pha/be/te)
alt (äl/ter, am äl/tes/ten)
Am/boss, der (des Am/bos/ses, die Am/bos/se): Schmiedetisch
A/mei/se, die (die A/mei/sen)
an/de/re
an/fan/gen: du fängst an, er fing an, sie hat an/ge/fan/gen
an/ge/nehm (an/ge/neh/mer, am an/ge/nehms/ten)
Angst, die (die Ängs/te): ich habe Angst; *aber:* mir wird angst
angst und ban/ge (sein)
an/stren/gend (an/stren/gen/der, am an/stren/gends/ten)
A/po/stroph, der // A/pos/troph (*griech.*, die A/po/stro/phe // A/pos/tro/phe): Auslassungszeichen für einen Vokal, z. B. er hat's (er hat es)
A/po/the/ke, die (*griech.-lat.*, die A/po/the/ken)
A/qua/ri/um, das (*lat.*, die A/qua/ri/en): Behälter zur Pflege und Zucht von Wassertieren
ar/bei/ten: du ar/bei/test, er ar/bei/te/te, sie hat ge/ar/bei/tet
Arm, der (die Ar/me)
Ar/ti/scho/cke, die (*arab.*, die Ar/ti/scho/cken): Gemüsepflanze
As/phalt, der (*griech.-lat.-franz.*): Straßenbelag
Ath/let, der (*griech.*, die Ath/le/ten): Wettkämpfer
At/las, der (*griech.*, des At/las/ses // At/lan/ten, die At/las/se // At/lan/ten)
At/mo/sphä/re // At/mos/phä/re, die (*griech.*, die At/mo/sphä/ren // At/mos/phä/ren): Lufthülle der Erde
auf/at/men: du at/mest auf, er at/me/te auf, sie hat auf/ge/at/met

auf/hö/ren: du hörst auf, er hör/te auf, sie hat auf/ge/hört
auf/ma/chen: du machst auf, er mach/te auf, sie hat auf/ge/macht
auf/räu/men: du räumst auf, er räum/te auf, sie hat auf/ge/räumt
auf/re/gend (auf/re/gen/der, am auf/re/gends/ten)
Auf/re/gung, die (die Auf/re/gun/gen)
auf/schre/cken: du schreckst auf, er schreck/te auf, sie ist auf/ge/schreckt
Au/ge, das (die Au/gen)
Au/gen/maß, das (des Au/gen/ma/ßes, die Au/gen/ma/ße)
aus/gie/big (aus/gie/bi/ger, am aus/gie/bigs/ten)
aus/se/hen: du siehst aus, er sah aus, sie hat aus/ge/se/hen
au/ßer/dem
aus/zie/hen, (sich): du ziehst (dich) aus, er zog (sich) aus, sie hat (sich) aus/ge/zo/gen
Au/to, das (*griech.*, die Au/tos)
Axt, die (die Äx/te)

B

Ba/by, das (*engl.*, die Ba/bys)
Bän/del, das/der (die Bän/del)
Bär, der (die Bä/ren)
Bahn, die (die Bah/nen)
Bal/kon, der (*franz.*, die Bal/ko/ne)
Bal/lett/tän/zer, der (die Bal/lett/tän/zer)
Bal/lon, der (*franz.*, die Bal/lons // Bal/lo/ne)
Ba/na/ne, die (die Ba/na/nen)
Bann, der (die Ban/ne): Ausschluss aus einer Gemeinschaft
Bart, der (die Bär/te)
Bauch, der (die Bäu/che)
bau/en: du baust, er bau/te, sie hat ge/baut
Bau/er, der (die Bau/ern)
Baum, der (die Bäu/me)
Be/am/te, der (die Be/am/ten)
Bee/re, die (die Bee/ren)
Beet, das (die Bee/te)
be/feh/len: du be/fiehlst, er be/fahl, sie hat be/foh/len
be/in/hal/ten: du be/in/hal/test, er be/in/hal/te/te, sie hat be/in/hal/tet
bei/ßen: du beißt, er biss, sie hat ge/bis/sen
be/kannt (be/kann/ter, am be/kann/tes/ten)
be/kom/men: du be/kommst, er be/kam, sie hat be/kom/men
be/läm/mert (be/läm/mer/ter, am be/läm/merts/ten)
be/nut/zen (oder be/nüt/zen): du be/nutzt // be/nützt, er be/nutz/te // be/nütz/te, sie hat be/nutzt // be/nützt
be/reit/hal/ten: du hältst be/reit, er hielt be/reit, sie hat be/reit/ge/hal/ten

Be/schäf/ti/gung, die (die Be/schäf/ti/gun/gen)
Bett, das (die Bet/ten)
Bett/tuch, das (die Bett/tü/cher)
beu/gen, sich: du beugst dich, er beug/te sich, sie hat sich ge/beugt
Beu/le, die (die Beu/len)
Beu/te, die
Bi/bli/o/thek, die (*griech.-lat.*, die Bi/bli/o/the/ken)
Bier/kas/ten, der (die Bier/käs/ten)
bie/ten: du bie/test, er bot, sie hat gebo/ten
bil/lig (bil/li/ger, am bil/ligs/ten)
Bir/ne, die (die Bir/nen)
biss/chen
Bla/se, die (die Bla/sen)
blass (blas/ser, am blas/ses/ten)
blei/ben: du bleibst, er blieb, sie ist ge/blie/ben
blöd (blö/der, am blöds/ten)
bloß/stel/len: du stellst bloß, er stell/te bloß, sie hat bloß/ge/stellt
bö/se (bö/ser, am bö/ses/ten)
Boot, das (die Boo/te)
Bouil/lon, die (*franz.*, die Bouil/lons): Fleischbrühe
bre/chen: du brichst, er brach, sie hat ge/bro/chen
Brenn/nes/sel, die (die Brenn/nes/seln)
Brief, der (die Brie/fe)
Bril/le, die (die Bril/len)
Brot, das (die Bro/te)
Brot/krus/te, die (die Brot/krus/ten)
Bru/der, der (die Brü/der)
Büh/ne, die (die Büh/nen)
Bür/ger/meis/ter, der (die Bür/ger/meis/ter)
Bürs/te, die (die Bürs/ten)
bunt (bun/ter, am bun/tes/ten)
Bus, der (des Bus/ses, die Bus/se)

C

Ca/fé, das (*franz.*, die Ca/fés): Kaffeehaus, Konditorei
Ca/mem/bert, der (*franz.*, die Ca/mem/berts): franz. Weichkäse
Cap/puc/ci/no, der (*ital.*, die Cap/puc/ci/nos, *auch:* Cap/puc/ci/ni): ital. Milchkaffee
Cham/pig/non // Cham/pi/gnon, der (*franz.*, die Cham/pig/nons // Cham/pi/gnons)
Chef, der (die Chefs)
Chi/co/rée, der (*franz.*, die Chi/co/rées): Salat; *auch:* Schi/ko/ree
Chir/urg // Chi/rurg, der (*griech.-lat.*, die Chir/ur/gen // die Chi/rur/gen)
Clown, der (*lat.-franz.-engl.*, die Clowns)

D

da/bei sein
Dach, das (die Dä/cher)
Dach/gie/bel, der (die Dach/gie/bel)
Dad/dy, der (*engl.*, die Dad/dys): Vater
dar/ü/ber // da/rü/ber
dar/um // da/rum
dar/un/ter // da/run/ter
dass *(Konjunktion)*
Dau/men, der (die Dau/men)
Del/phin, der (*griech.*, die Del/phi/ne); *auch:* Del/fin
den/ken: du denkst, er dach/te, sie hat ge/dacht
des/halb
De/tek/tiv, der (*lat.-engl.*, die De/tek/ti/ve)
deut/lich (deut/li/cher, am deut/lichs/ten)
dick (di/cker, am di/cks/ten)
Dieb, der (die Die/be)
Die/ner, der (die Die/ner)
Diens/tag, der (die Diens/ta/ge)
dif/fe/ren/ziert (dif/fe/ren/zier/ter, am dif/fe/ren/zier/tes/ten): aufgegliedert, vielschichtig
Di/rek/tor, der (die Di/rek/to/ren)
Dis/ket/te, die (die Dis/ket/ten)
Dis/ko/thek, die (die Dis/ko/the/ken)
Don/ners/tag, der (die Don/ners/ta/ge)
doof (doo/fer, am doofs/ten)
Dra/che, der (die Dra/chen)
dre/hen: du drehst, er dreh/te, sie hat ge/dreht
drei
drei/ßig
Drü/cke/ber/ger, der (die Drü/cke/ber/ger)
Dü/ne, die (die Dü/nen)
dünn (dün/ner, am dünns/ten)
dür/fen: du darfst, er durf/te, sie hat ge/durft
Dummy, der (*engl.*, die Dummys): lebensgroße Puppe zu Testzwecken, z.B. Crashtests bei Autos
dun/kel (dunk/ler, am dun/kels/ten)
Du/sche, die (die Du/schen)
Dy/na/mo, der (die Dy/na/mos): Maschine zur Stromerzeugung

E

E/del/weiß, das: eine unter Naturschutz stehende Bergblume
E/he, die (die E/hen)
Ei, das (die Ei/er)
Eif/fel/turm, der: Wahrzeichen von Paris
ei/gent/lich
ein, ei/ne, ei/nes, ei/ner
Ein/bruch, der (die Ein/brü/che)
ein/fach
eins
Ein/satz, der (die Ein/sät/ze)
Elch, der (die El/che): nordisches Tier
E/le/fant, der (die E/le/fan/ten)
elf
El/tern, die
Emp/fän/ger, der (die Emp/fän/ger)
En/de, das (die En/den)
end/lich
eng (en/ger, am engs/ten)
En/kel, der (die En/kel)
ent/schei/den: du ent/schei/dest, er ent/schied, sie hat ent/schie/den
ent/we/der ... o/der
er/he/ben, sich: du er/hebst dich, er er/hob sich, sie hat sich er/ho/ben
Er/lös, der (des Er/lö/ses, die Er/lö/se)
er/mü/den: du er/mü/dest, er er/mü/de/te, sie ist er/mü/det
er/schre/cken: du er/schrickst, er er/schrak, sie ist er/schro/cken
es/sen: du isst, er aß, sie hat ge/ges/sen
et/was
Eu/pho/rie, die (*griech.*, die Eu/pho/rien): gesteigertes Wohlbefinden
Eu/ro/pa/par/la/ment, das
Eu/ter, das (die Eu/ter)

F

Fäh/re, die (die Fäh/ren): Schiff zur Beförderung von Personen und Autos
fahl (fah/ler, am fahls/ten)
fah/ren: du fährst, er fuhr, sie ist ge/fah/ren
Fair/ness, die (*engl.*): faires Verhalten
Fall, der (die Fäl/le)
fal/len: du fällst, er fiel, sie ist ge/fal/len
Fa/mi/lie, die (die Fa/mi/li/en)
Fa/mi/li/en/stamm/baum, der (die Fa/mi/li/en/stamm/bäu/me)
Fass, das (die Fäs/ser)
Fast/food, das: Schnellimbiss; *auch:* Fast Food

Fast/nacht, die: Fasching, Karneval
fau/len/zen: du fau/lenzt, er fau/lenz/te, sie hat ge/fau/lenzt
Faul/pelz, der (die Faul/pel/ze)
Feh/ler, der (die Feh/ler)
Fens/ter, das (die Fens/ter)
fern/se/hen: du siehst fern, er sah fern, sie hat fern/ge/se/hen
Fett/trop/fen, der (die Fett/trop/fen)
feucht (feuch/ter, am feuch/tes/ten)
fies (fie/ser, am fie/ses/ten)
Film, der (die Fil/me)
fin/den: du fin/dest, er fand, sie hat ge/fun/den
Fin/ger, der (die Fin/ger)
Flä/che, die (die Flä/chen)
Fla/sche, die (die Fla/schen)
Flie/ge, die (die Flie/gen)
flie/gen: du fliegst, er flog, sie ist ge/flo/gen
Flie/se, die (die Flie/sen): Kachel
Floß, das (des Flo/ßes, die Flö/ße)
Flucht, die
Flug, der (die Flü/ge)
Fluss, der (des Flus/ses, die Flüs/se)
fort/set/zen: du setzt fort, er setz/te fort, sie hat fort/ge/setzt
Fo/to/gra/fie, die (die Fo/to/gra/fien); *auch:* Pho/to/gra/phie
Foul, das (*engl.*, die Fouls): unfaires sportliches Verhalten
Frank/fur/ter Würst/chen, das (die Frank/fur/ter Würst/chen): Spezialität aus Frankfurt
Frei/tag, der (die Frei/ta/ge)
fres/sen: du frisst, er fraß, sie hat ge/fres/sen
Freu/de, die (die Freu/den)
freu/en, sich: du freust dich, er freu/te sich, sie hat sich ge/freut
frisch (fri/scher, am fri/sches/ten)
Fri/seur, der (*franz.*, die Fri/seu/re); *auch:* Fri/sör
fröh/lich (fröh/li/cher, am fröh/lichs/ten)
Frosch, der (die Frö/sche)
Frost/beu/le, die (die Frost/beu/len)
früh (frü/her, am frü/hes/ten)
Früh/ling, der
Früh/stück, das (die Früh/stü/cke)
füh/len: du fühlst, er fühl/te, sie hat ge/fühlt
fül/len: du füllst, er füll/te, sie hat ge/füllt
fünf
fünf/zig
Fuß, der (des Fuß/es, die Fü/ße)
Fuß/ball, der (die Fuß/bäl/le)

G

gam/meln: du gam/melst, er gam/mel/te, sie hat ge/gam/melt
Gar/de/ro/be, die (*franz.*, die Gar/de/ro/ben)
Gar/di/nen/stan/ge, die (die Gar/di/nen/stan/gen)
Gar/ten, der (die Gär/ten)
Gas/se, die (die Gas/sen)
Gast, der (die Gäs/te)
ge/ben: du gibst, er gab, sie hat ge/ge/ben
ge/fähr/lich (ge/fähr/li/cher, am ge/fähr/lichs/ten)
Ge/fahr, die (die Ge/fah/ren)
Ge/fühl, das (die Ge/füh/le)
Gegner, der (die Geg/ner)
ge/hen: du gehst, er ging, sie ist ge/gan/gen
Geist, der (die Geis/ter)
gelb
Geld, das (die Gel/der)
Ge/lee, das (*franz.*, die Ge/lees)
Ge/mü/se, das
ge/nau
ge/ni/al (ge/ni/a/ler, am ge/ni/als/ten)
ge/nie/ßen: du ge/nießt, er ge/noss, sie hat ge/nos/sen
Ge/o/gra/phie, die (*griech.-lat.*): Länderkunde, Erdkunde; *auch:* Ge/o/gra/fie
ge/ra/de
Ge/räusch/ku/lis/se, die (die Ge/räusch/ku/lis/sen)
gern (lie/ber, am liebs/ten)
ge/samt
ge/schickt (ge/schick/ter, am ge/schick/tes/ten)
Ge/schirr, das
Ge/schmack, der (die Ge/schmä/cke)
Ge/sell/schaft, die (die Ge/sell/schaf/ten)
Ge/sicht, das (die Ge/sich/ter)
Ge/stank, der
ges/tern
Ge/walt, die (die Ge/wal/ten)
ge/win/nen: du ge/winnst, er ge/wann, sie hat ge/won/nen
Gieß/kan/ne, die (die Gieß/kan/nen)
Glo/bus, der (*lat.*, des Glo/bu/ses, die Glo/ben): Erdkugelmodell
glück/lich (glück/licher, am glück/lichs/ten)
Glüh/bir/ne, die (die Glüh/bir/nen)
glü/hen: du glühst, er glüh/te, sie hat ge/glüht
Gra/ben, der (die Grä/ben)
Gräu/el, der (die Gräu/el): Abscheu, Grausen
Grand Canyon, der: Riesenschlucht in den USA

Gras, das (des Gra/ses, die Grä/ser)
grau
grau/sam (grau/sa/mer, am grau/sams/ten)
grei/fen: du greifst, er griff, sie hat ge/grif/fen
Gren/ze, die (die Gren/zen)
groß (grö/ßer, am größ/ten)
grün
Gum/mi/bär/chen, das (die Gum/mi/bär/chen)
güns/tig (güns/ti/ger, am güns/tigs/ten)
Guss, der (des Gus/ses, die Güs/se)
gut (bes/ser, am bes/ten)

H

Haar, das (die Haa/re)
haben: du hast, er hat/te, sie hat ge/habt
hän/gen: du hängst, er hing, sie hat ge/han/gen
häss/lich (häss/li/cher, am häss/lichs/ten)
Häupt/ling, der (die Häupt/lin/ge)
Ha/fen, der (die Hä/fen)
Hahn, der (die Häh/ne)
Ha/ken, der (die Ha/ken)
Hals, der (des Hal/ses, die Häl/se)
hal/ten: du hältst, er hielt, sie hat ge/hal/ten
Hand, die (die Hän/de)
Hap/py/end, das (*engl.*, die Hap/py/ends): Glückliches Filmende;
auch: Hap/py End
Ha/se, der (die Ha/sen)
Ha/sel/nuss, die (die Ha/sel/nüs/se)
Hass, der (des Has/ses)
has/sen: du hasst, er hass/te, sie hat ge/hasst
Hau/fen, der (die Hau/fen)
haupt/säch/lich
Haus/e/cke, die (die Haus/e/cken)
he/ben: du hebst, er hob, sie hat ge/ho/ben
heim/fah/ren: du fährst heim, er fuhr heim, sie ist heim/ge/fah/ren
heiß (hei/ßer, am hei/ßes/ten)
hei/ßen: du heißt, er hieß, sie hat ge/hei/ßen
Hek/tar // Hekt/ar, das (*griech.-lat.*): Flächenmaß
hel/fen: du hilfst, er half, sie hat ge/hol/fen
Hemd, das (die Hem/den)
Hen/ne, die (die Hen/nen)
Herbst, der (die Herbs/te)
He/ring, der (die He/rin/ge)

Herz, das (die Her/zen)
herz/haft (herz/haf/ter, am herz/haf/tes/ten)
heu/len: du heulst, er heul/te, sie hat ge/heult
heu/te
Him/mel, der (die Him/mel)
hi/nü/ber
Hob/by, das (*engl.*, die Hob/bys)
hoch (hö/her, am höchs/ten)
höchs/tens
Höh/le, die (die Höh/len)
hö/ren: du hörst, er hör/te, sie hat ge/hört
hohl (hoh/ler, am hohls/ten)
Hot/dog, der (*engl.*, die Hot/dogs); *auch:* Hot Dog
Hüf/te, die (die Hüf/ten)
Hund, der (die Hun/de)
hun/dert
hung/rig (hung/ri/ger, am hung/rigs/ten)
hus/ten: du hus/test, er hus/te/te, sie hat ge/hus/tet
Hus/ten/bon/bon, das (die Hus/ten/bon/bons)
Hut, der (die Hü/te)
Hy/drant, der (*griech.*, die Hy/dran/ten): Wasserquelle für die Feuerwehr
Hyp/no/se, die (*griech.*, die Hyp/no/sen): schlafähnlicher Zustand

I

I/dee, die (die I/de/en)
I/gel, der (die I/gel)
im/mer
in
in/ner/halb
Ins/ti/tut, das (die Ins/ti/tu/te): Forschungsanstalt
in/ter/es/sant // in/te/res/sant (*franz.*, in/ter/es/san/ter // in/te/res/santer, am in/ter/es/san/tes/ten // in/te/res/san/tes/ten)
in/ter/na/ti/o/nal
in/zwi/schen
ir/gend/wo
ir/re/füh/ren: du führst ir/re, er führ/te ir/re, sie hat ir/re/ge/führt

J

ja/gen: du jagst, er jag/te, sie hat ge/jagt
Jahr, das (die Jah/re)
je/der, je/de, je/des
je/mand
jetzt

Job, der (*engl.*, die Jobs)
Jo/ghurt, der (die Jo/ghur/te); *auch:* Jo/gurt
Jo/ker, der (*engl.*, die Jo/ker): universell einsetzbare Spielkarte
Jong/leur, der (*franz.*, die Jong/leu/re): Ball-Artist
Jour/na/list, der (*franz.*, die Jour/na/lis/ten)
jung (jün/ger, am jüngs/ten)

K

Kän/gu/ru, das (*austr.*, die Kän/gu/rus)
Kä/se/mes/ser, das (die Kä/se/mes/ser)
Kaf/fee, der (*arab.-franz.*, die Kaf/fees)
Ka/ka/du, der (die Ka/ka/dus): trop. Vogel
Ka/kao, der (*mexik.-span.*, die Ka/kaos)
Kak/tus, der (*griech.-lat.*, des Kak/tu/ses, die Kak/te/en): stachelige Pflanze
kalt (käl/ter, am käl/tes/ten)
Kamm, der (die Käm/me)
Ka/raf/fe, die (*arab.-span.-ital.-franz.*, die Ka/raf/fen): Glasflasche mit Stöpsel
Ka/ros/se, die (die Ka/ros/sen): Prunkwagen
Ka/rot/te, die (die Ka/rot/ten)
Kar/ren, der (die Kar/ren)
Kar/tof/fel, die (die Kar/tof/feln)
Ka/rus/sell, das (*franz.*, die Ka/rus/sells)
Kas/set/te, die (die Kas/set/ten)
Kas/ten, der (die Käs/ten)
Ka/ta/ly/sa/tor, der (*griech.*, die Ka/ta/ly/sa/to/ren): 1. Stoff, der eine chem. Reaktion herbeiführt, 2. Vorrichtung, in der Autoabgase gereinigt werden
Ka/tas/tro/phe, die (*griech.*, die Ka/tas/tro/phen)
Kat/ze, die (die Kat/zen)
kau/en: du kaust, er kau/te, sie hat ge/kaut
Kau/gum/mi, der (die Kau/gum/mis)
kein, kei/ne, kei/ner, kei/nes
Keks, der (des Kek/ses, die Kek/se)
ken/nen: du kennst, er kann/te, sie hat ge/kannt
Ket/schup, das (*hind.-engl.*, die Ket/schups); *auch:* Ket/chup
Ket/te, die (die Ket/ten)
Ki/no, das (die Ki/nos)
klap/pern: du klap/perst, er klap/per/te, sie hat ge/klap/pert
Klapp/stuhl, der (die Klapp/stüh/le)
klar (kla/rer, am klars/ten)
Klas/sen/bes/te, der (die Klas/sen/bes/ten)
kle/ben: du klebst, er kleb/te, sie hat ge/klebt
Klee, der
Kleid, das (die Klei/der)

klein (klei/ner, am kleins/ten)
klug (klü/ger, am klügs/ten)
Kna/be, der (die Kna/ben)
Knä/cke/brot, das (die Knä/cke/bro/te)
Knäu/el, das (die Knäu/el)
Knie, das (die Knie)
knusp/rig (knusp/ri/ger, am knusp/rigs/ten)
Koch, der (die Kö/che)
Kö/nig, der (die Kö/ni/ge)
kön/nen: du kannst, er konn/te, sie hat ge/konnt
Köst/lich/keit, die (die Köst/lich/kei/ten)
ko/misch (ko/mi/scher, am ko/mischs/ten)
kom/men: du kommst, er kam, sie ist ge/kom/men
Kom/pass, der (des Kom/pas/ses, die Kom/pas/se): ein Gerät zur Bestimmung der Himmelsrichtung
kom/plett
Kon/kur/renz, die
Kon/tra/bass, der (*lat.*, die Kon/tra/bäs/se): großes Streichinstrument
Kon/zern, der (*lat.-franz.-engl.*, die Kon/zer/ne): große Firma
Kopf, der (die Köp/fe)
Kor/ken/zie/her, der (die Kor/ken/zie/her)
Kra/gen, der (die Kra/gen)
krat/zen: du kratzst, er krat/z/te, sie hat ge/kratzt
Kra/wat/te, die (die Kra/wat/ten)
Kreis, der (des Krei/ses, die Krei/se)
Ku/chen, der (die Ku/chen)
küm/mern, sich: du küm/merst dich, er küm/mer/te sich, sie hat sich ge/küm/mert
Kür/bis, der (des Kür/bis/ses, die Kür/bis/se)
küs/sen: du küsst, er küss/te, sie hat ge/küsst
Kuh, die (die Kü/he)
Kur/ve, die (die Kur/ven)
kurz (kür/zer, am kür/zes/ten)
Kuss, der (des Kus/ses, die Küs/se)

L

la/chen: du lachst, er lach/te, sie hat ge/lacht
La/den, der (die Lä/den)
Lady, die (*engl.*, die La/dys)
Lärm, der
läu/ten: du läu/test, er läu/te/te, sie hat ge/läu/tet
lahm (lah/mer, am lahms/ten)
Lamm, das (die Läm/mer)

Land, das (die Län/der)
lang (län/ger, am längs/ten)
lang/sam (lang/sa/mer, am lang/sams/ten)
lang/wei/lig (lang/wei/li/ger, am lang/wei/ligs/ten)
Lap/top, der (*engl.*, die Lap/tops): tragbarer Computer
las/sen: du lässt, er ließ, sie hat ge/las/sen
Last/wa/gen, der (die Last/wa/gen)
lau/fen: du läufst, er lief, sie ist ge/lau/fen
Laus, die (die Läu/se)
laut (lau/ter, am lau/tes/ten)
Laut, der (die Lau/te)
le/dig/lich
leer
le/gen: du legst, er leg/te, sie hat ge/legt
Leg/gings, die; *auch:* Leg/gins
leicht (leich/ter, am leich/tes/ten)
Leicht/ath/le/tik, die
lei/den: du lei/dest, er litt, sie hat ge/lit/ten
lei/der
le/sen: du liest, er las, sie hat ge/le/sen
letz/te
letzt/ma/lig
Leu/te, die
Le/xi/kon, das (*griech.*, die Le/xi/ka // Le/xi/ken): alphabetisch geordnetes Nachschlagewerk
Lid, das (die Li/der)
lie/ben: du liebst, er lieb/te, sie hat ge/liebt
Lie/bes/lied, das (die Lie/bes/lie/der)
Lied, das (die Lie/der)
lie/gen: du liegst, er lag, sie hat ge/le/gen
links
Loch, das (die Lö/cher)
Löf/fel, der (die Löf/fel)
lö/sen: du löst, er lös/te, sie hat ge/löst
Lö/sung, die (die Lö/sun/gen)
Los/bu/de, die (die Los/bu/den)
Lot/to/schein, der (die Lot/to/schei/ne)
Luft/pum/pe, die (die Luft/pum/pen)
Lust, die (die Lüs/te)
lus/tig (lus/ti/ger, am lus/tigs/ten)

M

Ma/gnet // Mag/net, der (*griech.-lat.*, die Ma/gne/ten // Mag/ne/ten): Eisen anziehender Körper
Mais/kol/ben, der (die Mais/kol/ben)
Ma/jo/nä/se, die (die Ma/jo/nä/sen); *auch:* Ma/yo/nai/se
Ma/na/ger, der (*engl.*, die Ma/na/ger)
manch/mal
Markt, der (die Märk/te)
Mars, der: der „rote“ Planet
Mas/se, die (die Mas/sen)
maß/los (maß/lo/ser, am maß/lo/ses/ten)
Maß/stab, der (die Maß/stä/be)
Mast, der (die Mas/ten)
Ma/the/ma/tik, die (*griech.*): Lehre von den Zahlen
Mau/er, die (die Mau/ern)
Me/dail/le, die (*franz.*, die Me/dail/len): Auszeichnung, Sportlerehrung
Meer, das (die Mee/re)
Mee/ting, das (*engl.*, die Mee/tings): Treffen, Konferenz
meis/tens
Meis/ter, der (die Meis/ter)
Me/lo/ne, die (die Me/lo/nen)
Mensch, der (die Men/schen)
mes/sen: du misst, er maß, sie hat ge/mes/sen
Mes/ser, das (die Mes/ser)
Me/tall, das (die Me/tal/le)
mies (mie/ser, am mie/ses/ten)
Mie/te, die (die Mie/ten)
Mi/kro/fon // Mik/ro/fon, das (*griech.-lat.*, die Mi/kro/fo/ne // Mik/ro/fo/ne); *auch:* Mi/kro/phon
Mil/li/on, die (die Mil/li/o/nen)
min/des/tens
Miss/ge/schick, das (die Miss/ge/schi/cke)
mit/ein/an/der // mit/ei/nan/der
Mit/leid, das
Mit/tag, der (die Mit/ta/ge)
Mit/te, die (die Mit/ten)
Mitt/woch, der (die Mitt/wo/che)
Mo/narch, der (die Mo/nar/chen): legitimer (Allein-)Herrscher
Mons/ter, das (die Mons/ter)
Mon/tag, der (die Mon/ta/ge)
mor/gen
Mor/gen, der (die Mor/gen)
Mo/tiv, das (die Mo/ti/ve): Leitgedanke, Beweggrund, Antrieb

Mot/to, das (*lat.-ital.*, die Mot/tos): Leitsatz, Richtlinie
Müll, der
Mün/ze, die (die Mün/zen)
müs/sen: du musst, er muss/te, sie hat ge/musst
Müt/ze, die (die Müt/zen)
Mund, der (die Mün/der)
Mu/se/um, das (die Mu/se/en)
Mu/si/ker, der (die Mu/si/ker)
Mut/ter, die (die Müt/ter)

N
nach/dem
Nacht, die (die Nächte)
näm/lich
na/he (nä/her, am nächs/ten)
Nah/rungs/mit/tel, das (die Nah/rungs/mit/tel)
Na/me, der (die Na/men)
Na/se, die (die Na/sen)
nass (nas/ser, am nas/ses/ten)
Ne/bel, der (die Ne/bel)
neh/men: du nimmst, er nahm, sie hat ge/nom/men
neu (neu/er, am neu/es/ten)
neun
neun/zig
nie/mand
Nie/sel/re/gen, der
nie/sen: du niest, er nies/te, sie hat ge/niest
nör/geln: du nör/gelst, er nör/gel/te, sie hat ge/nör/gelt
nö/tig (nö/ti/ger, am nö/tigs/ten)
Not, die (die Nö/te)
Nu/del, die (die Nu/deln)
Nu/gat, das; *auch:* Nou/gat
num/me/rie/ren: du num/me/rierst, er num/me/rier/te, sie hat num/me/riert
Nuss, die (die Nüs/se)
Nuss/schnit/te, die (die Nuss/schnit/ten)

O
Obst, das
öff/nen: du öff/nest, er öff/ne/te, sie hat ge/öff/net
O/fen, der (die Ö/fen)
O/fen/rohr, das (die O/fen/roh/re)
oft (öf/ter, am öf/tes/ten; *besser:* am häu/figs/ten)
oh/ne

Ohr, das (die Oh/ren)
Ohr/läpp/chen, das (die Ohr/läpp/chen)
O/lym/pi/a/de, die
On/kel, der (die On/kel)
Op/fer, das (die Op/fer)
Or/ches/ter, das (die Or/ches/ter)
Os/ten, der
O/ze/an, der (*griech.*, die O/ze/a/ne)

P

Paar, das (die Paa/re)
paar: einige, etwas, mehrere
Pa/ket, das (die Pa/ke/te)
Pa/last, der (die Pa/läs/te)
Pan/ther, der (*griech.-lat.*, die Pan/ther); *auch:* Pan/ter
Pa/pier, das (die Pa/pie/re)
Papst, der (die Päps/te)
par/al/lel // pa/ral/lel (*griech.*): nebeneinander laufend, gleichzeitig
Park, der (die Parks)
Par/ty, die (*engl.*, die Par/tys)
Pass, der (des Pas/ses, die Päs/se)
Pas/sa/gier, der (*lat.-ital.-franz.*, die Pas/sa/gie/re): Fahrgast, Fluggast
pas/sen: du passt, er pass/te, sie hat ge/passt
Pfan/ne, die (die Pfan/nen)
Pfau, der (die Pfau/en): großer Vogel, der „ein Rad schlagen kann“
Pfir/sich, der (die Pfir/si/che)
Pflan/ze, die (die Pflan/zen)
pflü/gen: du pflügst, er pflüg/te, sie hat ge/pflügt
Pflug, der (die Pflü/ge): Ackergerät zur Auflockerung der Erde
Pi/ckel, der (die Pi/ckel)
Pick/nick, das (*franz.*)
Pi/lot, der (die Pi/lo/ten)
Pin/gu/in, der (die Pin/gu/i/ne): Tier der Antarktis
Pla/kat, das (die Pla/ka/te)
Platz, der (die Plät/ze)
plat/zen: du platzst, er platz/te, sie ist ge/platzt
plat/zie/ren: du plat/zierst, er plat/zier/te, sie hat plat/ziert
plei/te (sein)
plötz/lich
po/lie/ren: du po/lierst, er po/lier/te, sie hat po/liert
Pop/corn, das (*engl.*): gerösteter Mais
Port/mo/nee, das (die Port/mo/nees); *auch:* Porte/mon/naie
Po/sau/ne, die (die Po/sau/nen): Blasinstrument

Post, die
po/ten/zi/ell: möglich, denkbar; *auch:* po/ten/ti/ell
prah/len: du prahlst, er prahl/te, sie hat ge/prahlt
Pra/li/ne, die (*franz.*, die Pra/li/nen)
prall (pral/ler, am pralls/ten)
preis/ge/ben: du gibst preis, er gab preis, sie hat preis/ge/ge/ben
Press/luft/ham/mer, der (die Press/luft/häm/mer)
Prinz, der (die Prin/zen)
Pro/fes/sor, der (die Pro/fes/so/ren)
Pro/gramm, das (*griech.-lat.*, die Pro/gram/me)
Pub/li/kum, das *(lat.-franz.-engl.)*; *auch:* Pu/bli/kum
Pull/over // Pul/lo/ver, der (*engl.*, die Pull/over // Pul/lo/ver)
Py/ra/mi/de, die (*ägypt.-griech.-lat.*, die Py/ra/mi/den)

Q

Quad/rat // Qua/drat, das (*lat.*, die Quad/ra/te // Qua/dra/te)
quä/len: du quälst, er quäl/te, sie hat ge/quält
Qual, die (die Qua/len)
Quit/te, die (die Quit/ten)
Quiz, das (*engl.*): Frage- und Antwortspiel
Quo/te, die (*lat.*, die Quo/ten): verhältnismäßiger Anteil

R

Ra/dio, das (die Ra/dios)
Rät/sel, das (die Rät/sel)
Rand, der (die Rän/der)
ra/scheln: du ra/schelst, er ra/schel/te, sie hat ge/ra/schelt
Ra/sen, der
ra/sen: du rast, er ras/te, sie ist ge/rast
ra/ten: du rätst, er riet, sie hat ge/ra/ten
Rat/te, die (die Rat/ten)
rau (rau/er, am rau/es/ten)
rechts
Re/cyc/ling, das (*engl.*): Wiederverwertung von Abfällen
red/se/lig (red/se/li/ger, am red/se/ligs/ten)
Re/gen, der
reich (rei/cher, am reichs/ten)
rei/ßen: du reißt, er riss, sie hat ge/ris/sen
reiß/fest (reiß/fes/ter, am reiß/fes/tes/ten)
ren/nen: du rennst, er rann/te, sie ist ge/rannt
Res/tau/rant, das (die Res/tau/rants)
Re/zept, das (die Re/zep/te)
Rhyth/mus, der (*griech.-lat.*, die Rhyth/men)

Rie/se, der (die Rie/sen)
Rie/sen/rad, das (die Rie/sen/rä/der)
Riss, der (des Ris/ses, die Ris/se)
Roh/heit, die (die Roh/hei/ten)
Roll/la/den, der (die Roll/lä/den)
ro/sig (ro/si/ger, am ro/sigs/ten)
rot
Rou/la/de, die (*franz.*, die Rou/la/den): ein Fleischgericht
Rou/ti/ne, die *(franz.)*: Übung, Erfahrung
Ruck/sack, der (die Ruck/sä/cke)
rück/wärts
Rüs/sel, der (die Rüs/sel)
ru/hig (ru/hi/ger, am ru/higs/ten)
Ru/i/ne, die (die Ru/i/nen): zerfallenes Bauwerk

S

Saal, der (die Sä/le)
Sa/che, die (die Sa/chen)
Sack, der (die Sä/cke)
Sän/ger, der (die Sän/ger)
saf/tig (saf/ti/ger, am saf/tigs/ten)
Sak/ko, das (*österr.*, die Sak/kos): Herrenjackett, Abendkleidung
Salz/streu/er, der (die Salz/streu/er)
Sams/tag, der (die Sams/ta/ge)
Schal, der (die Schals // Scha/le)
Scha/le, die (die Scha/len)
Schatz, der (die Schät/ze)
Scheck, der (die Schecks)
schie/len: du schielst, er schiel/te, sie hat ge/schielt
schie/ßen: du schießt, er schoss, sie hat ge/schos/sen
Schiff/fahrt, die (die Schiff/fahr/ten)
Schild, das (die Schil/der)
schla/fen: du schläfst, er schlief, sie hat ge/schla/fen
schla/gen: du schlägst, er schlug, sie hat ge/schla/gen
schlau (schlau/er, am schlau/es/ten // schlaus/ten)
schlecht (schlech/ter, am schlech/tes/ten)
schle/cken: du schleckst, er schleck/te, sie hat ge/schleckt
schließ/lich
schlimm (schlim/mer, am schlimms/ten)
Schloss, das (des Schlos/ses, die Schlös/ser)
schlu/cken: du schluckst, er schluck/te, sie hat ge/schluckt
Schlüs/sel, der (die Schlüs/sel)
Schluss, der (des Schlus/ses, die Schlüs/se)

schmat/zen: du schmatzst, er schmatz/te, sie hat ge/schmatzt
schmerz/haft (schmerz/haf/ter, am schmerz/haf/tes/ten)
schmie/rig (schmie/ri/ger, am schmie/rigs/ten)
schmut/zig (schmut/zi/ger, am schmut/zigs/ten)
schnäu/zen, sich: du schnäuzt dich, er schnäuz/te sich, sie hat sich ge/schnäuzt
Schnaps, der (die Schnäp/se)
schnau/fen: du schnaufst, er schnauf/te, sie hat ge/schnauft
Schnau/ze, die (die Schnau/zen)
Schnee, der
schnei/den: du schnei/dest, er schnitt, sie hat ge/schnit/ten
schnell (schnel/ler, am schnells/ten)
Schnor/chel, der (die Schnor/chel): Tauchgerät
schön (schö/ner, am schöns/ten)
Schrank, der (die Schrän/ke)
schreck/lich (schreck/li/cher, am schreck/lichs/ten)
Schrei, der (die Schrei/e)
schrei/ben: du schreibst, er schrieb, sie hat ge/schrie/ben
Schuh, der (die Schu/he)
Schuld, die (die Schul/den)
Schul/ter, die (die Schul/tern)
Schuss, der (des Schus/ses, die Schüs/se)
Schwamm, der (die Schwäm/me)
schwarz
Schwei/ne/stall, der (die Schwei/ne/stäl/le)
Schweiß/trop/fen, der (die Schweiß/trop/fen)
schwer (schwe/rer, am schwers/ten)
Schwes/ter, die (die Schwes/tern)
schwie/rig (schwie/ri/ger, am schwie/rigs/ten)
schwim/men: du schwimmst, er schwamm, sie ist ge/schwom/men
Schwimm/meis/ter, der (die Schwimm/meis/ter)
schwit/zen: du schwitzst, er schwitz/te, sie hat ge/schwitzt
schwö/ren: du schwörst, er schwor, sie hat ge/schwo/ren
Sci/ence/fic/tion, die (*engl.*): fantasievolle Erzählung; *auch:* Science Fiction
sechs
sech/zig
See, der (die Seen)
See/le, die (die See/len)
See/ro/se, die (die See/ro/sen)
See/stern, der (die See/ster/ne)
Se/gel, das (die Se/gel)
se/hen: du siehst, er sah, sie hat ge/se/hen
Sei/fen/bla/se, die (die Sei/fen/bla/sen)

sein, seine, sein
sein: du bist, er war, sie ist ge/we/sen
Sei/te, die (die Sei/ten)
seit/wärts
Se/kun/de, die (die Se/kun/den)
selb/stän/dig // selbst/stän/dig (selb/stän/di/ger // selbst/stän/di/ger, am selb/stän/digs/ten // selbst/stän/digs/ten)
sel/ten (sel/te/ner, am sel/tens/ten)
selt/sam (selt/sa/mer, am selt/sams/ten)
Sham/poo, das (*engl.*, die Sham/poos): Haarwaschmittel
Shirt, das (*engl.*, die Shirts): Hemd
Shoo/ting/star, der (*engl.*, die Shoo/ting/stars): Emporkömmling, Aufsteiger
Shop, der (*engl.*, die Shops): Laden, Geschäft
Shorts, die (*engl.*): kurze Hosen
si/cher (si/che/rer, am si/chers/ten)
Sieb, das (die Sie/be)
sie/ben
sieb/zig
Si/gnal // Sig/nal, das (*lat.*, die Si/gna/le // Sig/na/le)
sin/gen: du singst, er sang, sie hat ge/sun/gen
Sinn, der (die Sin/ne)
Si/re/ne, die (*griech.-lat.-franz.*, die Si/re/nen)
sit/zen: du sitzt, er saß, sie hat ge/ses/sen
Skan/dal, der (*griech.-lat.-franz.*, die Skan/da/le): Aufsehen erregendes Ärgernis
Skate/board, das (*engl.*, die Skate/boards)
Small/talk, der (*engl.*): oberflächliche Unterhaltung; auch: Small Talk
so/dass // so dass
So/fa, das (die So/fas)
so/fort
so/gar
Sohn, der (die Söh/ne)
Som/mer, der (die Som/mer)
son/der/bar (son/der/ba/rer, am son/der/bars/ten)
Son/der/müll, der
son/dern
Song, der (*engl.*, die Songs): Lied, Schlager
Son/ne, die (die Son/nen)
Son/nen/uhr, die (die Son/nen/uh/ren)
Sonn/tag, der (die Sonn/ta/ge)
so/wie
so/wohl
spät (spä/ter, am spä/tes/ten)
Spa/ghet/ti, die; *auch:* Spa/get/ti

Spaß, der (des Spa/ßes, die Spä/ße)
Spaß/ma/cher, der (die Spaß/ma/cher)
spa/zie/ren ge/hen: du gehst spa/zie/ren, er ging spa/zie/ren, sie ist spa/zie/ren ge/gan/gen
Spei/se/kam/mer, die (die Spei/se/kam/mern)
Spen/de, die (die Spen/den)
spe/zi/a/li/sie/ren, sich: du spe/zi/a/li/sierst dich, er spe/zi/a/li/sier/te sich, sie hat sich spe/zi/a/li/siert
Spie/gel, der (die Spie/gel)
Spie/gel/ei, das (die Spie/gel/ei/er)
spie/len: du spielst, er spiel/te, sie hat ge/spielt
Spin/ne, die (die Spin/nen)
sprin/gen: du springst, er sprang, sie ist ge/sprun/gen
Stab, der (die Stä/be)
Stän/gel, der (die Stän/gel)
Stahl, der (die Stäh/le; *selten:* Stah/le): hartes Metall
Stall, der (die Stäl/le)
Star, der (*engl.*, die Stars): berühmte Persönlichkeit
stark (stär/ker, am stärks/ten)
statt/fin/den: du fin/dest statt, er fand statt, sie hat statt/ge/fun/den
Staub, der
Steak, das (*engl.*, die Steaks)
ste/hen: du stehst, er stand, sie hat ge/stan/den
Stem/pel, der (die Stem/pel)
Stern, der (die Ster/ne)
Stie/fel, der (die Stie/fel)
Stiel, der (die Stie/le)
still (stil/ler, am stills/ten)
Stil/le, die
stin/ken: du stinkst, er stank, sie hat ge/stun/ken
Stoff/fet/zen, der (die Stoff/fet/zen)
sto/ßen: du stößt, er stieß, sie hat ge/sto/ßen
stra/fen: du strafst, er straf/te, sie hat ge/straft
straff (straf/fer, am straffs/ten)
straf/fen: du straffst, er straff/te, sie hat ge/strafft
Stra/ße, die (die Stra/ßen)
Strauch, der (die Sträu/cher)
streng (stren/ger, am strengs/ten)
Stroh/halm, der (die Stroh/hal/me)
Stro/phe, die (*griech.*, die Stro/phen): Abschnitt eines Gedichts oder Lieds
Stuhl/leh/ne, die (die Stuhl/leh/nen)
Sucht, die (die Süch/te)
süß (sü/ßer, am sü/ßes/ten)
Syn/the/si/zer, der (*engl.*, die Syn/the/si/zer): elektronisches Musikinstrument

T

Talk/show, die (*engl.*, die Talk/shows)
Tan/ne, die (die Tan/nen)
Tan/te, die (die Tan/ten)
Ta/sche, die (die Ta/schen)
Tas/se, die (die Tas/sen)
tau/send
Team, das (*engl.*, die Teams): Mannschaft, Gruppe
Tee, der (*chines.*, die Tees)
teil/neh/men: du nimmst teil, er nahm teil, sie hat teil/ge/nom/men
Te/le/fon, das (*griech.-lat.*, die Te/le/fo/ne)
Tep/pich, der (die Tep/pi/che)
The/a/ter, das (*griech.*, die The/a/ter)
The/ra/pie, die (*griech.*, die The/ra/pien): Behandlung von Krankheiten
Thun/fisch, der (die Thun/fi/sche); *auch:* Tun/fisch
tief (tie/fer, am tiefs/ten)
Toch/ter, die (die Töch/ter)
To/i/let/te, die (*franz.*, die To/i/let/ten)
Toll/patsch, der (die Toll/pat/sche)
To/te Meer, das: See zwischen Israel und Jordanien
tot/schla/gen: du schlägst tot, er schlug tot, sie hat tot/ge/schla/gen
Tou/rist, der (*griech.-lat.-engl.-franz.*, die Tou/ris/ten)
träl/lern: du träl/lerst, er träl/ler/te, sie hat ge/träl/lert
Trä/ne, die (die Trä/nen)
träu/men: du träumst, er träum/te, sie hat ge/träumt
Trau/er, die
Tren/nung, die (die Tren/nun/gen)
trin/ken: du trinkst, er trank, sie hat ge/trun/ken
Tri/umph, der (*lat.*, die Tri/um/phe)
Trop/fen, der (die Trop/fen)
trotz/dem
Tü/te, die (die Tü/ten)
tun: du tust, er tat, sie hat ge/tan
Turm, der (die Tür/me)
Typ(us), der (*griech.*, die Ty/pen)

U

übel (üb/ler, am ü/bels/ten)
ü/ber
ü/ber/schwäng/lich (ü/ber/schwäng/li/cher, am ü/ber/schwäng/lichs/ten)
Um/zäu/nung, die (die Um/zäu/nun/gen)
un/an/ge/nehm (un/an/ge/neh/mer, am un/an/ge/nehms/ten)
un/be/kannt

Un/ge/heu/er, das (die Un/ge/heu/er)
un/ge/nau
Un/glück, das (die Un/glü/cke)
un/heim/lich (un/heim/li/cher, am un/heim/lichs/ten)
U/ni/ver/sum, das (*lat.*): Weltall
un/schul/dig
un/ter
Ur/laub, der (die Ur/lau/be)

V

Va/ter, der (die Vä/ter)
Ver/bre/cher, der (die Ver/bre/cher)
ver/drieß/lich
Ver/käu/fer, der (die Ver/käu/fer)
ver/kau/fen: du ver/kaufst, er ver/kauf/te, sie hat ver/kauft
ver/lie/ren: du ver/lierst, er ver/lor, sie hat ver/lo/ren
ver/pas/sen: du ver/passt, er ver/pass/te, sie hat ver/passt
ver/ste/hen: du ver/stehst, er ver/stand, sie hat ver/stan/den
ver/stört (ver/stör/ter, am ver/stör/tes/ten)
viel (mehr, am meis/ten)
viel, viele, vieles
viel/deu/tig
viel/leicht
vier
vier/zig
Vo/gel, der (die Vö/gel)
Volk, das (die Völ/ker)
voll
voll/kom/men
von/ei/nan/der // von/ein/an/der
Vor/hang, der (die Vor/hän/ge)
Vor/rat, der (die Vor/rä/te)
vor/wärts

W

wach/sen: du wächst, er wuchs, sie ist ge/wach/sen
wa/ckeln: du wa/ckelst, er wa/ckel/te, sie hat ge/wa/ckelt
wäh/rend
Wahl, die (die Wah/len)
Wal, der (die Wa/le)
Wald, der (die Wäl/der)
Wald/ster/ben, das
Wall, der (die Wäl/le): Erdaufschüttung

Wal/nuss, die (die Wal/nüs/se)
Wal/ross, das (die Wal/rös/ser)
Wand, die (die Wän/de)
warm (wär/mer, am wärms/ten)
war/nen: du warnst, er warn/te, sie hat ge/warnt
wa/schen: du wäschst, er wusch, sie hat ge/wa/schen
Was/ser/la/che, die (die Was/ser/la/chen)
we/der
Wein, der (die Wei/ne)
Weis/heit, die (die Weis/hei/ten)
weiß
weit (wei/ter, am wei/tes/ten)
Welt, die (die Wel/ten)
Welt/meis/ter, der (die Welt/meis/ter)
we/nig (we/ni/ger, am we/nigs/ten)
we/ni/ge, we/ni/ges
wer/den: du wirst, er wur/de, sie ist ge/wor/den
wer/fen: du wirfst, er warf, sie hat ge/wor/fen
Wett/be/werb, der (die Wett/be/wer/be)
Wet/te, die (die Wet/ten)
wett/ei/fern: du wett/ei/ferst, er wett/ei/fer/te, sie hat ge/wett/ei/fert
wi/der/spens/tig (wi/der/spens/ti/ger, am wi/der/spens/tigs/ten)
wi/der/spre/chen: du wi/der/sprichst, er wi/der/sprach, sie hat wi/der/spro/chen
wie viel
wie/der
wie/der/ho/len: du wie/der/holst, er wie/der/hol/te, sie hat wie/der/holt
Wie/se, die (die Wie/sen)
wild (wil/der, am wil/des/ten)
Win/ter, der (die Win/ter)
win/zig (win/zi/ger, am win/zigs/ten)
wis/sen: du weißt, er wuss/te, sie hat ge/wusst
Wis/sen/schaft/ler, der (die Wis/sen/schaft/ler)
Witz, der (die Wit/ze)
Wo/che, die (die Wo/chen)
Woh/nung, die (die Woh/nun/gen)
Wort, das (die Wör/ter)
Wüs/te, die (die Wüs/ten)
Wun/der, das (die Wun/der)
Wurst, die (die Würs/te)
Wu/schel/kopf, der (die Wu/schel/köp/fe)

Z

Zäh/heit, die
zäh/len: du zählst, er zähl/te, sie hat ge/zählt
zah/len: du zahlst, er zahl/te, sie hat ge/zahlt
Zahn, der (die Zäh/ne)
Zaun, der (die Zäu/ne)
zehn
Zeit/schrift, die (die Zeit/schrif/ten)
Zei/tung, die (die Zei/tun/gen)
zer/drü/cken: du zer/drückst, er zer/drück/te, sie hat zer/drückt
zer/reis/sen: du zer/reisst, er zer/riss, sie hat zer/ris/sen
Ziel, das (die Zie/le)
ziem/lich
Zier/rat, der (die Zier/ra/te)
Zim/mer, das (die Zim/mer)
Zoo, der (die Zoos)
zu/frie/den (zu/frie/de/ner, am zu/frie/dens/ten)
Zun/ge, die (die Zun/gen)
zu viel
zwan/zig
zwei
Zwie/bel, die (die Zwie/beln)
zwi/schen
zwölf
Zy/lin/der, der (*griech.-lat.*, die Zy/lin/der): 1. röhrenförmiger Körper, 2. Kopfbedeckung

Platz für Notizen

Platz für Notizen

Platz für Notizen

Klett LernTraining®
Einfach bessere Noten
Die Reihen, die allen Bedürfnissen gerecht werden, im Überblick
Training Aufsatz
Erzählen
Nacherzählen
5. und 6. Schuljahr
Beilage: Lösungsheft
1. Training – Nachhilfe aus dem Buch
Training 100 Diktate 4. Schuljahr
2. Die kleinen Lerndrachen – Training für alle Grundschüler
PC-Kombi-Training
Übungs-CD-ROM und Lernbuch
Englisch 7. Schuljahr
3. PC-Kombi-Training – die Fitness-Programme: Kombination aus Lernbuch und Übungssoftware
LEKTÜREHILFEN
Nathan der Weise
4. Lektürehilfen – Durchblick bei der Lektüre
ABITUR WISSEN
Landeskunde
Great Britain
United States of America
5. Abiturwissen – das geballte Wissen fürs Abi
ABI-Training
Geschichte
6. Abi-Training – fit fürs Abi
PC-KURSWISSEN
Genetik
7. PC-Kurswissen – pures Abi-Wissen aus dem Computer
Klett LernTraining im Internet:
www.klett-verlag.de/klett-lerntraining
Das Lernhits-Gesamtverzeichnis:
in Ihrer Buchhandlung oder
direkt bei Ernst Klett Verlag,
Postfach 10 60 16, 70049 Stuttgart